48분
기적의 책쓰기

밥은 굶어도 책쓰기는 굶지 마라

48분

기적의 책쓰기

김병완 지음

플랫폼연구소

"48분 기적의 책쓰기면 인생역전도 가능하다."

"내 인생을 바꾼 것은 직장생활도, 만권 독서도 아닌 48분 기적의 책쓰기였다."

"인생역전을 위해서 48분 기적의 책쓰기를 시작하라."

" 하루 10문장이 1년 후에는 책 한 권이 된다."

" 내공도, 실력도 없는 사람에게는 실천 가능한 현실적인 책쓰기가 필요하다.
그것이 바로 48분 기적의 책쓰기다. 하루에 48분을 투자해서 열 개의 문장을 완성해라.
하루 10문장이 1년 후에는 책 한 권이 된다. 이것이 48분 기적의 책쓰기다."

전문가가 책을 쓰는 것이 아니다. 책을 쓰면 전문가가 되는 것이다.

성공한 사람이 책을 쓰는 것이 아니다. 책을 쓰면 성공한 사람이 되는 것이다.

똑똑한 사람이 책을 쓰는 것이 아니다. 책을 쓰면 똑똑한 사람이 되는 것이다.

〈[김병완의 책쓰기 혁명], 김병완, 13쪽〉

프롤로그

나는 삼성맨이었다.
하지만 내 인생을 바꾼 것은 48분 책쓰기였다.

"나는 삼성맨이었다. 휴대폰연구원이었다. 삼성에서 직장생활을 10년 했다. 그 후 퇴사를 하고, 도서관에 파묻혀 3년 1000일 독서를 했다. 그래도 내 인생은 도무지 바뀌지 않았다. 내 인생을 바꾼 것은 화려할 것 같았던 대기업 직장생활도 아니었고, 무서운 내공을 쌓았을 것 같은 3년 1000일 독서도 아니었다. 바로 48분 책쓰기였다.

48분 책쓰기는 달랐다. 차원이 달랐다. 꿈쩍도 안 하던 인생이, 딱 1년 48분 책쓰기로 눈부시게 바뀌었다. 더는 과거로 되돌아갈 수 없을 정도였다. 이제 당신 차례다. 일생에 한 번은 48분 책쓰기에 미쳐라, 인생이 바뀐다."

나는 평범한 회사원이었다. 대학을 졸업하고 대기업에 입사하여 휴대폰연구원으로 남들과 다를 바 없는 샐러리맨 생활을 하였다. 회사 생활을 10년 한 후, 낙엽이 지던 어느 가을날 길가에 뒹구는 나뭇잎들을 보고 불현듯 '바람에 뒹구는 쓸쓸한 저 나뭇잎'이 내 신세와 같다는 생각을 했다.

나 같은 직장인은 회사라는 나무를 통해 영양분을 공급받아 살아가야 하는 낙엽에 불과하다는 사실을 그날 처음으로 깨닫게 되었다. 그런 작은 깨달음이 결국 그해 겨울 12월 31일 회사를 떠날 수 있게 해 주었다.

부산으로 이사를 했다. 그곳에서 목숨을 걸고 책을 읽었다. 계절이 여러 번 바뀌고 읽은 책들이 쌓여갈 무렵 변화가 시작되었다. 한 번도 미치지 못했던 생각의 지경까지 사고와 의식이 확장되었다. 기절할 뻔했다. 책의 위력을 온몸으로 경험했다. 책이 모든 것을 가능하게 해 줄 수 있다는 믿음이 생기기도 했다.

독서는 뿌리부터 완전히 바꾸어 인생의 초석과 발판이 되어준다는 사실을 알았다. 독서는 내게 혁명이며, 기적이며, 삶의 특권이었다. 이렇게 독서가 전부였던 사람이 어느 날 엄청난 충격과 혼란에 휩싸이게 되었다. 독서가 전부였던 필자에게, 또 다른 신세계가 펼쳐졌기 때문이다. 독서는 뭔가를 제대로 시작도 하지 않은 것처럼 느껴졌다. 충격이었다. 어마어마한 무엇인가를 발견했다. 바로 책쓰기였다. 그렇다. 이 책은 책쓰기 책이다.

대기업 삼성전자에서 휴대폰연구원으로 11년 동안 직장생활을 했지만, 인생은 만족스럽지 못했다. 퇴사하고, 도서관에 파묻혀 3년 만권 독서, 1000일 독서를 했지만, 뭔가 부족했다.

직장생활 10년을 해도, 3년 만권 독서이자 1000일 독서를 해도 내 인생은 어제와 별반 다를 바 없었다. 하지만 48분 책쓰기는 차원이 달랐다. 48분 책쓰기를 시작하는 순간부터 내 인생은 바뀌고 있었다. 직감할 수 있었다. 딱 3개월만 48분 책쓰기를 해도, 벌써 에너지는 완전히 달라진다. 48분 책쓰기를 할 때 체험하게 되는 강력한 몰입감은 이 세상 그 어떤 것보다 강력했다. 한 마디로 48분 책쓰기는 비루한 어제의 나 자신과 결별시켜 주었고, 지루한 인생을 끝내주었다. 지질하던 과거의 내 인생을, 현대판 노예 생활을, 가난한 밑바닥 생활을 단번에 종결시켜 주었다. 그것도 통쾌하게!

내 인생 최고의 선택은 48분 책쓰기였다. 48분 책쓰기가 아니었다면 나는 성공할 수 없었다. 내게는 그 어떤 자본도, 기술도, 재능도, 재주도 없었다. 평범한 직장인이 현대판 노예 생활에서 벗어날 수 있는 길, 백수 혹은 무직자가 인생을 보란 듯이 살아갈 수 있는 길은 많지 않았다. 생각보다 현실은 녹록지 않았다.

48분 책쓰기를 시작하자마자 모든 것이 달라졌다. 48분 책 쓰기는 마법과 같았다. 어마어마한 위력을 숨긴 채 조용히 내 인생을 바꾸어놓았다. 10년 동안의 직장생활과 1000일 독서보다 48분 책쓰기가 더 강력했다.

기존의 일반적인 책쓰기는 접근이 힘들다. 일반인이 실천하기도 힘든 것이 사실이다. 엄두가 나지 않는다. 기존의 책쓰기는 일반인이나 초보자에게 달성하기 어려운 과제다. 쉽게 실천하기도 힘들고, 작은 성취감이나 짜릿한 성공을 맛보는 것은 더욱더 어렵다. 하지만 하루 48분만 투자해서, 하루에 열 문장을 쓰는 것을 목표로 하는 48분 책쓰기는 어떨까? 현실적으로 누구나 도전할 수 있고, 목표도 달성 가능하다는 점에서 기존의 책쓰기와 다르다. 48분 책쓰기는 현실적이다. 48분 책쓰기에는 일반전인 책쓰기에는 존재하지 않는 두 가지가 있다. 첫 번째는 누구나 실천 가능한 명확한 작은 목표가 있다. 두 번째는 48분이라는 시간이 정해져 있어서 집중하게 해 주는 시간 압박 장치인 타임 프레셔(time pressure)가 있다. 이 두 가지 장치는 어떤 효과와 기능을 하는 것일까?

가장 좋은 장점은 직장인이 사표를 던지지 않고, 도전할 수 있다는 점이다. 매일 일상에서 쉽게 도전할 수 있는 책쓰기라는 점이다. 이것을 해낸다면, 작은 성취감과 성공을 맛볼 수 있게 된다. 매일 48분 책쓰기를 통해 당신도 늘 이기는 사람과 같은 경험을 할 수 있다. 매일 경험할 수 있는 작은 성취감과 짜릿한 성공은 인생을 바꾸는 큰 성공으로 전환된다. 이것은 무시할 수 없는 일상의 성공 경험이 된다.

일반인에게 책을 쓰라고 하면, 달성하기 힘든 과제라서 그 어떤 보상 체계도 가동하지 않지만, '48분 동안 열 개의 문장을 작성하는 책쓰기'는 달성 가능한 과제이기에, 보상 체계를 쉽게 가동할 수 있다. 이것은 매우 중요한 차이를 만든다. 48분 책쓰기를 하는 과정에서 우리는 엔도르핀이 분비되는 경험을 자주 느낄 수 있다. 이 말은 곧 책쓰기의 희열과 몰입을 느낄 수 있게 된다는 말이다. 이것은 매우 중요하다. 어떤 일을 할 때 희열과 몰입을 느끼게 되면, 우리 몸은 자동으로 그 행동을 습관으로 만들고, 매일 반복하게 된다. 48분 책쓰기가 기존의 책쓰기와 다른 이유가 여기에 있다.

일반적인 책쓰기는 몰입을 방해한다. 그 이유는 미완결 과제이기 때문에 뇌에 긴장을 조성하고 스트레스를 유발하기 때문이다. 미완결 과제는 심지어 죄책감과 수치심, 스트레스와 압박감을 당신에게 제공한다. 이런 것들은 당신을 비참하게 만들고, 스스로 실망감을 추가한다. 결국, 이런 모든 상황이 당신을 포기하게 만들고, 몰입하지 못하게 한다. 하지만 48분 책쓰기는 전혀 다르다. 48분 책쓰기는 점진적 과제이기 때문에, 매일 완결할 수 있는 과제이다. 완결된 과제는 당신에게 해방감을 주고, 무엇보다 성취감을 준다. 나도 할 수 있다는 자신감과 목표 달성에 따른 희열과 보상 체계를 가동해 준다. 보상 체계의 백미인 엔도르핀이 분비되면, 당신은 중독성을 느끼고, 몰입하게 되고, 내일 또 하고 싶어진다. 매일 하고 싶어진다. 결국, 자신도 모르게 몰입하게 되는 것이다.

일반적인 책쓰기는 할 수 없는 힘든 일에 초점을 맞추게 하지만, 48분 책쓰기는 충분히 해 낼 수 있는 일에 초점을 맞추게 한다. 이것은 실로 엄청난 차이를 만든다. 일반적인 책쓰기는 당신이 가능하지 않지만, 48분 책쓰기라면 당신도 가능한 이유가 바로 이것이다.

"하루 10문장이 1년 후에는 책 한 권이 된다."

내공도, 실력도 없는 사람에게는 실천 가능한 현실적인 책쓰기가 필요하다. 그것이 바로 48분 책쓰기다. 하루에 48분을 투자해서 열개의 문장을 완성해라. 하루 10문장이 1년 후에는 책 한 권이 된다. 이것이 48분 책쓰기의 마법이다.

필자의 생애 첫 번째 베스트셀러가 [48분 기적의 독서법]이다. 기

48분 기적의 책쓰기 : 하루 10문장이 1년 후에는 책 한 권이 된다

억하시는 독자가 많을 것이다. 한국 사회에 독서 열풍을 불고 왔다. 정확히 10년 전에 출간된 책이다. 벌써 10년이 흘렀다. 세월이 정말 빠르다. 이제 한 단계 더 업그레이드된, 그다음 버전의 책이 10년 만에 출간되었다. 바로 이 책이다. 이 책을 통해 돈도 없고, 배경도 없는 많은 평범한 이들이 인생역전에 성공하게 된다면 필자는 매우 행복할 것 같다. 행운을 빈다.

차 례

제 2 부

만권 독서보다 더 나은
48분 책쓰기의 기적

제 3 부

인생역전은 48분 책쓰기
하나로 충분하다

제 4 부
48분 책쓰기 필승 노하우 & 책쓰기 비법 : 책쓰기 특강

제7장 누구보다 쉽게 책 쓰는 비법 5가지

제8장 48분 책쓰기 이렇게 시작하라

제 5 부

48분 책쓰기 :
어떻게 인생역전이 가능한가?

부록

대한민국 넘버원 책쓰기 독서법 학교
김병완칼리지 책쓰기 수업 수강생 리얼 후기

: 에필로그 :

제 1 부

48분 책쓰기로
삶에 혁명을
일으켜라

제 1 장

인생역전,
하루 48분 책쓰기면 충분하다

"물은 스스로 길을 낸다. 물은 웅덩이를 채우는 거로 만족하지 않는다. 이내 곧 새로운 길을 만들어 흘러간다. 그러다가 또 다른 웅덩이를 채우고 또다시 길을 내고 흘러간다. 그렇게 흘러 흘러 바다에 이르게 된다. 사람도 이와 다르지 않다. 살다 보면 스스로 길을 내게 된다. 나에게 있어 그 길은 바로 책쓰기였다." 〈김병완의 책쓰기 혁명, 43쪽〉

48분 책쓰기는
왜 인생을 바꿀까?

세상은 불공평하다. 지구는 당신을 위해 돌아가지 않는다. 당신은 노력한 만큼 성과를 얻지 못 할지도 모른다. '더 큰 노력'을 했음에도 늘 실패만 하고, 승리는 타인의 몫인지도 모른다. 아무리 노력해도, 인생은 왜 바뀌지 않을까?

우리는 세 가지를 기억해야 한다. 첫째는 늘 이기는 사람은 당신과 다르다는 사실이다. 둘째는 나 자신을 실패의 수렁에서 건져낼 사람은 오직 나뿐이라는 점이다. 셋째는 남이 빼앗을 수 없는 무기를 가지고 있어야 한다는 사실이다.

이기는 사람은 무엇이 다를까? 불공평한 세상에서 발견한 10가지 성공 법칙을 알려주는 [결국, 이기는 사람들의 비밀]을 보면 알 수 있다.

빌 게이츠, 워런 버핏, 스티브 잡스 등 세계 최고의 승자들은 공통점이 있다. 그것은 바로 '이기는 경험'에 매우 익숙하다는 점이다. 승자들은 늘 이기는 경험을 자주 하고, 그 결과 더 큰 게임에서도 이길 확률이 매우 높다.

승자 효과(Winner effect)가 이것이다. 승리가 승리를 만든다. 무엇인가를 성취하고, 승리할 때, 뇌에서 테스토스테론이라는 호르몬이 분비된다. 이 호르몬은 더 성공적인 행동을 끌어내기 때문에, 작은 성취를 맛본 사람, 작은 성공을 경험한 사람일수록, 더 큰 성취를 맛보고 더 큰 경쟁에서 승리할 확률이 높다.

결국, 이기는 사람들은 작은 성공을 자주 경험한다. 이것은 결국 더 큰 성공을 하게 한다. 성공의 선순환이다. 늘 실패만 하고 그 어떤 성취감도 느끼기 힘든 것이 현대인이다. 특히 직장인은 더 그렇다. 가정주부도, 교사도, 자영업자도 마찬가지다. 백수나 무직자는 더 심하다. 현대인에게 작은 성취감과 짜릿한 성공을 맛보게 해 줄 수 있는 가장 현실적인 방법은 무엇일까? 누구나 자신의 형편에서 실천할 수 있고, 접근 가능한 것이어야 한다.

기존의 일반적인 책쓰기는 접근이 힘들다. 일반인이 실천하기도 힘든 것이 사실이다. 엄두가 나지 않는다. 기존의 책쓰기는 일반인이나 초보자에게 달성하기 어려운 과제다. 쉽게 실천하기도 힘들고, 작은 성취감이나 짜릿한 성공을 맛보는 것은 더욱더 어렵다. 하지만 하루 48분만 투자해서, 하루에 열 문장을 쓰는 것을 목표로 하는 48분 책쓰기는 어떨까? 현실적으로 누구나 도전할 수 있고, 목표도 달성

가능하다는 점에서 기존의 책쓰기와 다르다. 48분 책쓰기는 현실적이다. 48분 책쓰기에는 일반전인 책쓰기에는 존재하지 않는 두 가지가 있다. 첫 번째는 누구나 실천 가능한 명확한 작은 목표가 있다. 두 번째는 48분이라는 시간이 정해져 있어서 집중하게 해 주는 시간 압박 장치인 타임 프레셔(time pressure)가 있다. 이 두 가지 장치는 어떤 효과와 기능을 하는 것일까?

가장 좋은 장점은 직장인이 사표를 던지지 않고, 도전할 수 있다는 점이다. 매일 일상에서 쉽게 도전할 수 있는 책쓰기라는 점이다. 이것을 해낸다면, 작은 성취감과 성공을 맛볼 수 있게 된다. 매일 48분 책쓰기를 통해 당신도 늘 이기는 사람과 같은 경험을 할 수 있다. 매일 경험할 수 있는 작은 성취감과 짜릿한 성공은 인생을 바꾸는 큰 성공으로 전환된다. 이것은 무시할 수 없는 일상의 성공 경험이 된다.

나 자신을 실패의 수렁에서 건져낼 유일한 사람은 나뿐이다. 그렇다면 무엇으로 나 자신을 건져낼 것인가? 나 자신을 먼저 개조해야 한다. 어제와 다른 나를 만나야 하고, 만들어야 한다. 실패만 하는 나 자신을 버려야 한다. 새로운 나를 찾아야 한다. 이것을 가능하게 해 주는 현실적인 조언은 '당신에게 성공하세요.' '부자가 되세요.' '어제보다 더 열심히 일하세요.' '새벽에 일어나세요.' '자신을 뛰어넘으세요.' '메신저가 되세요' '사업을 하세요' '좋은 습관을 만드세요'가 아니다.

당신에게 필요한 것은 구체적이고 실천 가능한 조언이어야 한다. 지금 당장 실천할 수 있어야 한다. 그것이 바로 '하루 48분만 투자해서 열 개의 문장을 쓰는 것에 도전하라.'라는 48분 책쓰기이다.

스키를 처음 탈 때를 생각해보라. 스키라는 길고 어색한 기구가 내 발에 장착이 될 때를 생각해보라. 편한 신발만 신다가, 자신의 키만큼 긴 스키를 발에 신게 되면, 재미고 뭐고 사라진다. 그저 넘어지지 않기 위해 사력을 다해야 한다. 그리고는 이내 스키 배우는 것을 포기할지도 모른다. 하지만 48분 책쓰기는 그것보다 훨씬 간편하다. 간단하지만, 효과는 상상 이상이다. 48분 책쓰기는 주의 집중력과 사고력, 표현력을 높여준다. 한 마디로 48분 책쓰기는 활용도가 낮은 당신의 뇌의 능력과 기능을 최고의 상태로 세팅하고 끌어올려 주는 몇 안 되는 정교화되고 심층 계획된 '인지 자극훈련'이다. 인지 자극훈련을 매일 하면, 우리 뇌가 새롭게 만들어진다는 연구결과도 있다.

헬스장에 가서 온종일 운동을 한다 해도 '인지 자극훈련'이 되는 것은 아니다. 스도쿠나 십자말풀이, 화투, 바둑, 장기, 두뇌 훈련 앱, 심지어 뇌 기능 개선 영양제도 효과적인 인지 자극훈련만큼 뇌의 수행 능력을 키우지는 못한다.

그렇다면 어떻게 해야 우리 뇌를 최상의 상태로 만들 수 있을까? 기억력, 집중력을 끌어올려 최상의 뇌로 이끄는 법을 알려주는 [성취하는 뇌]를 보면 몇 가지 힌트를 얻을 수 있다.

뇌의 수행 능력을 키우는 가장 좋은 방법은 작업 기억의 강도 조절이다. 작업 기업의 강도 조절은 뇌 과학 측면에서 전두엽의 대뇌피질을 활성화하는 행위다. 우리는 어떨 때 전두엽의 대뇌피질이 활성화될까? 어떤 행위가 효과적인 인지 자극훈련이 될까?

이 책의 저자는 '시계 거꾸로 돌리기(Counterclockwise)'를 제안한다. 시계 거꾸로 돌리기는 시계처럼 한 방향으로만 생각하는 관습에 사로잡히지 않는 사고방식을 말한다. 어떤 질문이나 과제에 대해서, 기존의 해결책과 다르게, 완전히 혁신적인 해결책을 생각하고, 남과 다른 방법과 아이디어를 생각해내는 과정이 전두엽의 대뇌피질을 활성화하고, 자극한다.

남과 다른 새로운 방법과 아이디어를 생각해내는 과정, 즉 전두엽의 대뇌피질을 활성화하고 자극하는 과정은 작업 기억의 강도를 스스로 조절하는 과정이다. 이런 과정이 우리 뇌를 최상의 상태로 만든다. 48분 책쓰기는 정확히 작업 기억의 강도를 조절하는 과정이다.

우리는 퇴근해서, 지친 몸을 이끌고, 소파에 누워 가장 편한 자세로 예능과 드라마를 보면서 머리를 식히는 것을 좋아한다. 하지만 이런 습관이 인생을 극적으로 바꾸지 않는다.

48분 책쓰기는 사람의 뇌를 최상의 상태로 바꾸어 놓는다. 48분 책쓰기는 새로운 주제에 대해 다양한 각도로 생각하면서, 남과 다른 새로운 해결책과 방법을 찾아가고, 그것을 자신만의 열 개의 문장으로 만들어가는 과정이다. 이 행위는 스스로 작업 기억의 강도를 조절할 수 있는 최고의 '인지 자극훈련'이다.

TV를 바보상자라고 하는 이유는 TV를 볼 때, 우리 뇌는 그 어떤 인지 자극도 이루어지지 않고, 전두엽의 대뇌피질은 그대로 멈추어 서 있는 상태, 즉 멍청한 상태로, 머리는 녹이 슬고, 나빠지기 때문이다. 머리가 나빠진 사람은 어떤 일도 남들보다 잘 해낼 수 없다. 탁월한 업무 성과도, 남다른 새로운 아이디어도, 해결책도 기대할 수 없는 사람이 된다. 근육이든, 머리든 자주 사용하고 자극을 주고 도전 과제를 주어야 강해지고 튼튼해진다.

생각하기를 멈추고 바보상자인 TV만 보는 사람보다, 끊임없이 새로운 해결책과 방법을 찾고, 새로운 문장을 만들어나가면서 전두엽의 대뇌피질을 활성화하고 극대화하면서 스스로 작업 기억의 강도를 조절할 수 있는 48분 책쓰기를 하는 사람이 훨씬 더 똑똑해지고 성공할 가능성이 커진다. 이것은 당연한 이치다. 바보보다 똑똑한 사람이 더 전문가가 되고, 더 성공한다. 세상은 정확하다. 세상은 공짜가 없다. TV만 주야장천 시청하는 사람에게 눈부신 미래는 절대 오지 않는다.

48분 책쓰기는 타인이 빼앗을 수 없는 무기와 자본을 만드는 것이다. 48분 책쓰기는 먼저 당신을 개조한다. 그다음 당신의 인생을 바꿀 것이다. 48분 책쓰기는 당신을 똑똑하게 만들 뿐만 아니라, 평생 당신을 홍보하고 세상에 알리고, 전문가로 인정받게 해 주는 책이라는 자본을 만들어 준다. 이것을 필자는 '도서 자본' 혹은 '책 자본'이라 부른다. 도서 자본은 부동산이나 주식처럼 우리를 성공하게 해 준다. 도서 자본은 우리를 풍요롭게 해 준다. 코로나 팬데믹과 같은 비상시기에도 우리를 든든하게 지켜준다.

48분 책쓰기는 일거양득이다. 책을 쓰는 사람도 성장시키고, 개조시켜 줄 뿐만 아니라 책이라는 결과물을 통해 또 한 번 저자를 세상에 알리고, 홍보하고 성공의 길로 이끌어 준다. 48분 책쓰기가 인생을 바꾸는 이유 중 하나다.

여기서 중요한 사항은 뇌를 깨우고, 활성화하는 것이다. 뇌를 깨우고 활성화하기 위해서 중요한 키워드가 도파민과 엔도르핀이다. 이것은 우리가 48분 책쓰기를 매일 지속할 수 있게 해 주는 역할을 한다. 왜 기존의 일반적인 책쓰기와 48분 책쓰기가 다른 것일까? 왜 기존의 일반적인 책쓰기는 지속할 수 없었지만, 48분 책쓰기는 그것이 가능한 것일까? 48분 동안 책을 쓰는 것이 왜 희열을 주고, 우리를 더 똑똑하게 하고, 매일 하도록 중독성을 부여하는 것일까? 바로 도파민과 엔도르핀 때문이다.

도파민은 어떤 상황에서 분비되는 것일까? 중요하다고 생각하는 새로운 사건과 과제를 긍정적으로 수행했을 때다. 이런 상황을 매일 자주 만드는 가장 쉬운 방법은 48분 책쓰기다. 여기서 중요한 키워드는 긍정적으로 수행할 수 있는 과제여야 한다는 점이다. 기존의 책쓰기는 너무 거대하고, 힘들고, 어려운 과제다. 한 마디로 초보자에게는 부정적이고, 회의가 심한 과제에 불과하다. 하지만 48분 책쓰기는 누구나 긍정적으로 확신에 차서 도전할 수 있는 과제다.

도파민은 주의력을 조절하고, 창의성을 높이고, 세상을 긍정적으로 보게 만들며, 스스로 어떤 일도 해낼 수 있다는 자신감을 느끼게 해 줄 뿐만 아니라 새로운 목표를 세우고 도전하게 해 주는 동기를 부여한다.

도파민은 중뇌의 흑질과 'A10'이라는 영역에서 생성된다. 이 부분은 우리 뇌에서 '새로운 것'을 찾아내는 탐지 역할을 하고, 동기를 부여하는 구조다. 우리 뇌는 동기를 부여하고 새로운 것을 탐지하는 기능만 있는 것이 아니다. 더 중요한 보상 체계도 갖추고 있다. 그것이 바로 내인성 아편제인 엔도르핀의 분비다.

어려운 과제를 성공적으로 달성하면, 우리 뇌는 보상 체계를 가동한다. 목표를 달성했을 때 우리는 희열을 느끼고, 기분이 좋아지는 것도 바로 보상 체계 덕분이다. 우리가 사회적인 성공을 경험했을 때, 맛있는 디저트를 먹을 때, 약물을 복용했을 때에도 희열감을 일으키는 혼합 물질이 방출된다. 이것이 바로 엔도르핀이다.

사회적 성공은 매일 자주 경험할 수 없다. 맛있는 디저트는 매일 먹을 수 있지만, 그 양을 계속 늘려야 하고, 어제 먹은 디저트보다 오늘 먹은 디저트가 훨씬 더 맛이 좋아야만 한다. 마약과 같은 약물을 복용하면, 범죄자로 전락하고, 즉시 구속되고, 직장을 잃고, 인생이 망가진다. 그래서 우리가 선택할 수 있는 최고의 방법은 48분 책쓰기다. 일반적인 책쓰기는 이런 보상 체계를 가동하기 힘들다, 특히 일반인들, 초보 작가들은 더 그렇다. 그래서 쉽게 포기한다. 책쓰기에 실패하는 사람이 많은 것도 바로 이것 때문이다. 하지만 48분 책쓰기는 이야기가 다르다. 48분 책쓰기는 당신에게 적당한 도전 과제를 주고, 보상 체계를 가동하게 해 준다.

일반인에게 책을 쓰라고 하면, 달성하기 힘든 과제라서 그 어떤 보상 체계도 가동하지 않지만, '48분 동안 열 개의 문장을 작성하는 책쓰기'는 달성 가능한 과제이기에, 보상 체계를 쉽게 가동할 수 있다. 이것은 매우 중요한 차이를 만든다. 48분 책쓰기를 하는 과정에서 우리는 엔도르핀이 분비되는 경험을 자주 느낄 수 있다. 이 말은 곧 책쓰기의 희열과 몰입을 느낄 수 있게 된다는 말이다. 이것은 매우 중요하다. 어떤 일을 할 때 희열과 몰입을 느끼게 되면, 우리 몸은 자동으로 그 행동을 습관으로 만들고, 매일 반복하게 된다. 48분 책쓰기가 기존의 책쓰기와 다른 이유가 여기에 있다.

한 권의 책을 쓰는 행위는 무에서 유를 창조하는 행위다. 굳게 닫힌 문을 열고, 없는 해결책을 만들어 내고, 존재하지 않았던 아이디어와 생각을 발견하는 일이다. 그 과정이 너무 길고 지루해서, 일반인들은 재미를 상실하고, 어렵게만 느끼고, 결국 중도에 포기한다. 의지가 강하고, 인내심이 놀라운 몇몇 사람만 겨우 이겨내고 책을 출간하지만, 그 과정은 즐겁지가 않다. 심지어 책쓰기에 도전도 하지 못하는 사람도 적지 않다. 하지만 48분 책쓰기는 그 과정이 매우 짧고, 즉시 희열과 몰입을 경험하게 된다. 48분 책쓰기를 할 때마다, 우리 뇌의 보상 체계는 어김없이 가동된다. 48분 책쓰기는 기존의 일반적인 책쓰기가 가져다주지 못하는 즐거움과 재미, 게임을 하는 것과 같은 짜릿함, 심지어 중독성도 강하게 느끼게 해 준다.

48분 책쓰기만큼 큰 희열을 일상에서 매일 자주 경험하게 해 주는 것도 없다. 매일 하루 열 시간씩 게임을 하는 사람은 게임이 주는 보상과 희열 때문에 그것이 가능하다. 48분 책쓰기는 그 이상의 희열과 보상을 준다. 여기에 맛을 들인 사람은 절대 48분 책쓰기를 그만둘 수 없다. 48분 책쓰기의 가장 큰 매력은 중독성이다. 48분 책쓰기는 마법이다.

100세 시대,
최고의 무기다

 100세 시대다. 50에 은퇴를 해도, 남은 50년을 무엇을 하면서 먹고살 것인가? 〈논어〉 위령공 편에 "인무원려 필유근우(人無遠慮, 必有近憂)"라는 말이 있다.

 사람이 멀리 내다보지 못하면, 반드시 가까운 데 근심거리가 생기기 마련이다. 48분 기적의 책쓰기가 당신에게 굳이 왜 필요할까? 바로 이것이다. 멀리 내다보면, 그 필요성은 더 절실하기 때문이다. 길게 내다보면, 지금 당장 해야 하기 때문이다.

 어떤 회사도, 어떤 기술도, 미래까지 보장하지 않는다. 나와 내 가족의 미래를 지킬 무기가 필요하다. 근시안적인 사람은 현재의 직장생활에 만족하고, 문제없다고 말한다. 무기를 준비하지 않는다. 현실에 안주하고, 위기를 느끼지 못할 뿐이다. 하지만 멀리 내다보는 사람은 위기를 먼저 발견하고, 대비한다. 미래를 준비한다.

직장을 옮기거나, 직업을 바꾸는 것도 40대가 넘어가면, 힘들어지고 불가능해진다. 당신의 경력이 당신을 책임져주지 않는다. 경력자는 차고 넘치지만, 전문가는 적다. 좋은 직장에 지금 다니고 있다는 사실에 안주해서는 안 된다. 안주하고 있다면, 나이는 먹어가고, 경력은 쌓일지 몰라도, 세상에 나와서 제2의 인생을 보란 듯이 살아낼 수 있는 자기 브랜드와 역량은 만들지 못하고 있을지도 모른다. 회사에 의지하지 않고, 당당하게 살아갈 자기 브랜드가 있어야 한다. 당신은 가지고 있는가?

그런 점에서 당신에게 가장 필요한, 최고의 무기는 책쓰기다. 책쓰기는 자신과 세상을 동시에 성찰할 수 있게 해 준다. 책쓰기는 멀리 내다볼 수 있게 해 주고, 폭넓게 생각할 수 있게 해 준다. 그래서 책쓰기 수련을 하는 사람은 크게 어긋나지 않는다. 또한, 책쓰기는 자기 브랜드를 만들어 준다. 책쓰기는 평생 현역으로 살아갈 수 있게 해 준다.

사람을 평가할 수 있는 기준은 그 사람이 '정체되어 있는가?' '안주하고 있는가' '근시안적 사고를 하고 있는가'다. 이런 사람의 장래는 밝지 못하다. 어제와 오늘, 오늘과 내일의 성장 여부로만 평가할 수 없다. 10년 후, 20년 후 어떤 모습의 삶을 살고 있을지 봐야 한다. 매일 성장하는 사람이 되는 방법, 10년, 20년 후에도 후회하지 않고 인생을 제대로 사는 비법이 바로 책쓰기에 숨어있다. 하루 48분만 투자하면 된다.

읽기가 최고의 자기계발인 시대가 있었다. 바로 30년 전이었다. 하지만 이제는 읽기만으로 부족한 시대가 되어버렸다. 시대는 항상 바뀐다. 그 시대가 요구하는 인재상도 당연히 바뀌고, 생존 법칙도 그렇다. 당신에게 필요한 것은 안정된 직장이나 경력이 아니라, 이 시대에 맞는 생존 법칙이다.

지금은 감성과 창조의 시대고 융합의 시대다. 읽기는 창조와 융합보다는 수용에 가깝고 이해의 과정이며 지식과 정보에 편중되어 있다. 읽기를 통해 많은 재료가 모이고 의식이 크게 확장되었다면 한 단계 더 도약할 필요가 있다. 일과 직장, 인생과 세상에 대한 패러다임이 급변하고 있기 때문이다. 급변하는 세상의 것들을 엮고 붙이고 연결하고 통합하여, 새로운 것을 창조하는 과정을 통해 당신만의 무기, 경쟁력, 브랜드를 만들어 내야 한다. 이것을 가능하게 해 주는 것이 책쓰기가 아니면 무엇일까? 책쓰기는 생존 도구이자, 도약과 성공의 무기다.

책 쓰기는 이 시대가 가장 필요로 하는 전문성과 브랜드를 만드는 방법이다. 급변하는 세상에서 책 쓰기를 하지 않는 것은 이 시대를 제대로 순응하며, 살아내지 않겠다고 거부하는 것과 같다. 책 쓰기를 거부하는 것은 세상과 등지고, 산에 들어가 자연인이 되겠다고 하는 것과 같다.

성공적인 사회생활을 하기 위해 책쓰기는 선택이 아니라 필수다. 책쓰기는 이 시대 최고의 성공 도구다. 즉 이 말은 생존은 물론이고 성공하기 위해서도 책쓰기를 시작해야 한다는 말과 다름없다. 그렇다. 책쓰기는 최고의 성공 도구이며, 100세 시대, 최고의 무기다.

서양의 자기계발은 자본주의 사회에서 비롯되었다. 부자가 되고 성공하고 출세하는 데 초점을 둔다. 그것을 위해 꿈을 가지고 목표를 가지고 시간을 관리하여 그 꿈을 달성하라고 조언한다. 현실적이다. 동양의 자기계발은 성격이 다르다. 현실을 초월한다. 조금 깊고 넓다. 자기 자신을 버리라고 말한다. 타인을 더 중요하게 여기고, 성공이나 이익보다는 의를 먼저 생각하라고 말한다. 세상의 것에 너무 집착하지 말라고 권한다. 물 흐르듯 살아야 하며, 부귀영화는 뜬구름과 같다고 조언한다. 우리에게는 현실과 현실 초월, 두 가지 모두 필요하다. 발로는 땅을 딛고서야 하고, 머리로는 하늘을 봐야 하기 때문이다.

서양과 동양의 자기계발을 모두 할 수 있다면 그것은 최고의 자기계발이다. 지금까지는 독서가 그 역할을 해 왔다. 하지만 시대가 너무 거대하게, 너무 빨리 변했다. 이제 독서로는 모두 감당할 수 없다. 책 읽기보다 더 강력한 도구가 필요하다.

독서보다 더 강력한 성공 무기가 책쓰기다. 책쓰기는 서양의 자기계발을 포함하는 동시에 그것에 치우치지 않는다. 자신의 마음을 다스리도록 돕고, 자기만 생각하지 않고 이웃과 세상을 넓게 아우르며, 생각하게 해 주기 때문이다. 책쓰기의 신비로운 효과 중의 하나는 세상의 것에 빠지거나 집착하지 않게 해 준다는 점이다. 그렇다고 세상을 완전하게 초월하는 성인군자가 되게 해 준다는 말이 아니다. 책쓰기를 하지 않았을 때보다는 좀 더 성숙하게 해 준다는 말이다.

책쓰기는 어떻게 해서 세상의 것에 덜 집착하게 해 주고, 성숙하게 해 주는 것일까? 책쓰기를 하면 사고의 폭이 넓어지고, 세상과 인생을 좀 더 길게 내다 볼 수 있는 눈을 기를 수 있기 때문이다. 모든 어리석은 선택은 근시안적 시각 때문이다. 평범한 사람은 1~2년 후를 내다보지만, 지혜로운 사람은 10년, 20년 후를 내다본다.

평범한 사람을
전문가로 만든다

전문가의 시대다. 평범한 사람이 전문가로 도약하는 확실한 방법은 무엇일까? 전공학과의 학위를 따고, 그 분야의 자격증을 취득하는 것이다. 의사나 변호사가 되는 것이 가장 대표적인 사례이다. 하지만 사십, 오십 대의 나이에 학위를 따고, 자격증을 취득한다는 것은 거의 불가능하다. 너무나 많은 시간과 노력, 세월과 비용이 들기 때문이다.

전문가만이 살아남는 이 시대에, 당신은 이미 너무 늦은 것은 아닐까? 시간과 노력, 세월과 비용을 최소로 투자하면서, 전문가가 되는 가장 지름길은 무엇일까? 가능한 길이라도 존재할까? 그 길이 바로 책쓰기다.

의사나 변호사들도 더 성공하기 위해 책을 쓴다. 과거에는 전문가가 책을 쓰고, 평범한 사람은 읽는 것이 역할분담이라고 생각했다. 하지만 이제 시대가 달라졌다. 전문 직종의 사람들도 더 성공하기 위해 책쓰기를 하는 시대가 되었다. 일반인들은 말할 필요도 없다. 성공하고 싶다면, 자신의 분야를 막론하고 책을 써야 한다.

하지만 평범한 사람이 어떻게 책을 쓸 수 있을까? 너무 무리한 요구는 아닐까? 그렇다. 한 권의 책을 쓰라고 하면 무리일 수 있다. 하지만 하루 48분만 투자해서 열 개의 문장만 쓰는 것을 목표로 매일 도전하는 책쓰기, 즉 48분 책쓰기는 어떨까? 그렇다. 평범한 사람도, 누구나 가볍게 시작할 수 있다.

책쓰기를 일회성으로 하는 것은 별 의미가 없다. 이런 책쓰기는 인생에 결코 큰 도움이 되지 않는다. 당신에게 도움이 되고, 인생을 바꾸는 책쓰기는 매일 꾸준히 하는 책쓰기다. 그것이 48분 책쓰기다. 매일 한다는 것에는 큰 힘과 마법이 따라온다. 하루에 열 시간 책을 쓰는 것은 바람직하지도, 추천하지도 않는다. 절대 길게 할 수 없기 때문이다. 일회성이 되기 때문이다. 48분 책쓰기는 매일 하도록 해 준다. 지속하게 해 주는 습관은 전문가에게 가장 필요한 내공을 쌓게 해 준다.

과거에는 정해진 순서와 무언의 사회 규정과 관습을 지키는 경향이 강했다. 전문가가 책을 쓰고, 비전문가인 일반인은 그 책을 읽고, 전문가의 노하우를 배우고 감탄했다. 하지만 이제는 이 역할분담의 질서가 새롭게 바뀌었다.

비전문가도 책을 쓰면 전문가의 반열에 오를 수 있게 되었다. 책쓰기를 통해 전문가의 반열에 오른 사람은 전통적인 방법인 학위와 자격증을 통해 전문가가 된 사람보다 더 큰 영향력을 발휘하는 변혁의 시대다. 이것을 가능하게 해 준 것은 인터넷과 SNS이다. 이 두 가지 덕분에 우리가 사는 세상은 초연결사회가 되었다. 초연결사회는 책쓰기만을 통해서도 전문가가 되고, 새로운 분야를 개척하고, 새로운 전문가 집단의 생성이 가능한 사회다. 전문가가 되는 길이 인류 역사상 그 어떤 시대보다 더 쉬워졌고, 빨라졌고, 강력해졌다.

한 권의 책을 쓰면, 그 분야를 누구보다 더 깊이 있게 공부하고 관찰하고 사색하고 고민하고 연구하게 된다. 그래서 책쓰기는 최고의 공부이며, 전문가가 되는 길이다. 필자는 심지어 초등학생들을 위한 책쓰기 책도 많이 집필하고 출간했다.

최근에 [초등 5학년 공부, 책쓰기가 전부다]와 [초등 책쓰기 혁명]이란 책을 출간했다. 그 이유는 분명하다. 초등학생에게도 독서 공부보다 책쓰기 공부가 훨씬 더 좋은 점이 많기 때문이 아니다. 물론 이 말도 사실이지만, 더 큰 이유가 있다. 독서에 편중된 교육과 공부 분위기를 바꾸어야 하기 때문이다. 독서보다는 책쓰기가 훨씬 더 훌륭한 인재를 만드는 교육이며 공부이기 때문이다.

시대가 계속 발전하고 있다. 이제 독서에 편중된 공부에서 벗어나 선진국처럼 책쓰기 중심의 교육과 공부를 시작해야 하기 때문이다. 아이들의 수준도 예전과 달라졌다. 초등학생이나 중학생 중에서 이미 어른보다 더 왕성한 활동을 하는 연예인이 적지 않다. 책을 쓰고 출간하는 초등학생, 중학생도 많아졌다. 실제로 중학생이 베스트셀러가 된 적도 있다. [15살이 쓴 미국 유학 도전기]란 책이 바로 그 책이다. 미국 유학에 관심이 있는 부모나 청소년이 함께 읽으면 큰 도움이 되는 책이다. 영어 일기도 뒤에 수록이 되어있고, 한국과 미국의 교육 시스템의 차이를 학생의 관점에서 이해할 수 있게 해 준다. 중학생이 혼자 미국 뉴욕에 가서, 보딩스쿨을 다니면서 느낀 경험과 생각, 한국의 중고등학교 생활과 미국의 유학 생활의 차이점 등을 잘 알 수 있다. 이처럼 초등학생이나 중학생이 책쓰기를 하면, 어떤 점이 좋을까? 생각하는 수준이 달라진다. 사고의 폭이 넓어지고, 표현력, 사고력, 상상력, 통찰력이 좋아진다. 이것보다 더 좋은 공부가 또 있을까? 예일대학교 샹커 교수만큼 책쓰기 공부의 유익함에 대해서 정확히 말해주는 사람도 없다.

"나는 무언가를 제대로 알고 싶을 때 책을 쓴다. 책을 쓰다 보면 내가 무엇을 알고 무엇을 모르는지가 명확히 드러난다. 집필 과정에서 나 또한 배워가는 것이다."

책을 쓴다는 것은 지식과 생각의 상호작용이다. 그런 점에서 지식을 기반으로 한 생각하는 공부가 바로 책쓰기 과정이다. 책쓰기는 지식과 정보를 갖춘 사람이 자신과 스스로 많은 대화와 토론을 하는 과정이다. 그 과정을 통해 세상에 없는 전문가가 탄생하게 되고, 최고의 자기계발이 가능하게 된다.

'말은 남과 대화하는 것이고, 글은 자신과 대화하는 것이다. 남들과는 말을 적게 하고, 자신과 많은 대화를 하라. '세네카의 이 말처럼 책을 쓴다는 것은 자신과 많은 대화를 하는 것이다. 자신과 많은 대화를 한다는 것은 결국 생각하고 사색하는 것을 말한다.

공부와 생각은 다르다. 생각은 좋은 공부이지만, 공부가 생각은 아니다. 한국인들은 생각, 사색을 싫어한다. 생각하지 않고, 암기하고 주입하는 공부를 더 많이 하도록 길들어졌다. 공자는 공부만 하고 생각하지 않는 것의 부작용에 대해 이렇게 말한 바 있다.

"배우기만 하고 생각하지 않으면 어리석어지고, 생각하기만 하고 배우지 않으면 위태로워진다."(學而不思卽罔 思而不學卽殆, 학이불사즉망, 사이불학즉태)

책 쓰기는 자신이 배우고 경험한 것에 대해 생각하고 사색하고 검증하게 해 주는 선순환의 효과가 있다. 미국이 세계 최강인 이유는 선진교육 때문이다. 우리나라는 도저히 따라갈 수 없는 미국만이 가지고 있는 교육 시스템이 있다. 그것이 바로 글쓰기이다. 놀랍게도 우리 선조들은 글쓰기라는 교육 시스템과 공직 시스템을 이미 가지고 있었다. 하지만 일제 강점기를 통해 우리의 좋은 시스템은 말살되고, 생각이 없고, 복종만 하는 국민을 대량 양산하는 교육 시스템으로 전락해 버렸다.

미국의 학생들은 정규교육 과정에서 이미 쓰기에 대해 배우고 또 배운다. 아마도 이골이 날 지경일 것이다. 그런데 그렇게 배우고 나서도 또 다른 글쓰기의 관문을 통과해야 한다. 대학 입학시험에서 가장 중요한 과목이 글쓰기이다. 대학교에 입학해서도 마찬가지다. 가장 많이 신경을 써야 하는 과목이 글쓰기이다.

세계적인 명문대 하버드 대학교에서도 글쓰기를 강조한다. 글쓰기를 강조하는 이유는 이 과정을 통해 더 많은 것을 사색하고 통찰할 수 있을 뿐만 아니라 자신의 지식과 경험을 사색과 쓰기의 과정을 통해 검증할 수 있기 때문이다. 이 검증 과정을 통해 한 단계 더 폭넓은 지식으로, 유용한 경험으로 승화시킬 수 있는 것이다. 책쓰기는 자신의 지식과 경험을 한 단계 도약시키는 최고의 방법이다.

책쓰기는 독서와 차원이 다르다. 독서는 누군가의 생각에 호응해주는 관객과 같은 역할이다. 독서를 한다는 것은 누군가가 이미 창조하고 정립하고 규정한 지식을 편하게 주입하고 수긍하는 과정이다. 하지만 책 쓰기는 내가 요리사가 되어야 하고, 창조자가 되어야 하고, 개척자가 되어야 하고, 주연을 맡아야 하고, 감독이 되어야 하고, 때로는 철학자가 되어야 하고, 필요하면 과학자도 되어야 하고, 교수도 되어야 한다. 이것이 책쓰기를 최고의 자기계발 도구로 승화시키는 하나의 역할분담인지도 모른다.

책을 쓴다는 것은 내가 무대 위에서 연극을 해야 하는 배우가 되어야 할 때도 있고, 그 연극을 전체적으로 총괄하는 연출자가 되어야 하기도 하고, 때로는 시나리오 작가가 되어야 하기도 하고, 때로는 관객의 역할까지도 해야 한다. 바로 이런 이유에서 책 쓰기는 독서보다 차원과 수준이 다르다.

전문가만이 살아남는 시대다. 당신은 전문가가 되기 위해 관련 분야 책 100권 혹은 1000권을 읽을지도 모른다. 좋다. 하지만 이것보다 더 강력한 방법과 길이 있다. 바로 그 분야의 책 한 권을 집필하고 출간하는 것이다. 책을 쓴 사람이 더 전문가가 되고, 더 큰 인정과 대접을 받는 것이 세상이다. 이것은 너무나 당연한 이치다. 자신을 뛰어넘어 더 큰 인생을 살고 싶다면, 독서에만 머물러서는 안 된다. 이제는 책쓰기에 도전해야 한다. 처음부터 책 한 권 쓰기에 도전하는 것이 부담되고 무리라고 생각하는 일반인들은, 하루 48분만 책쓰기에 투자하면 된다. 바로 48분 책쓰기다. 하루 열 문장이 1년 후에는 책 한 권이 된다.

이미 많은 이들이 책쓰기에 도전했다. 필자는 8년 전에 책쓰기 학교를 시작했다. 당신이 우유부단하게 고민을 할 때, 용기가 나지 않아 시작하지 못했을 때, 다른 이들은 이미 자신의 이름으로 된 책을 출간하였다. 한 권의 책을 출간해 보면 알게 된다. 두 번째 책은 훨씬 더 쉽게 빨리 출간할 수 있다는 사실을 말이다. 필자가 운영하는 책쓰기 독서법 학교인 김병완칼리지 책쓰기 수업 수강생 중에는 5권 이상의 책을 출간한 수강생이 적지 않다. 이것이 희망의 증거다. 일반인도 충분히 작가가 될 수 있다.

책쓰기를 통해 전문가로 도약한 책쓰기 수업 제자는 한두 명이 아니다. 그들은 승리자가 되었고, 현대판 노예 생활에서 벗어났다. 책쓰기 수강생 중에 50대 은퇴자는 책쓰기에 도전하여, 작가가 된 덕분에 출판사 편집국장이 되어, 지금은 눈부신 제2의 인생을 살아가고 있는 분도 있고, 평범한 가정주부가 1인 기업가로, CEO로, 베스트셀러작가로 도약하여, 왕성하게 활동하며, 제2의 인생을 보란 듯이 살아내고 있는 분도 있다. 무엇보다 그들은 경제적으로, 사회적으로 과거보다 훨씬 더 자유롭고 성공적인 삶을 살아가고 있다. 그들은 모두 인생역전 48분 책쓰기를 실천한 사람들이다.

48분 기적의 책쓰기 : 하루 10문장이 1년 후에는 책 한 권이 된다

직장생활보다, 만권 독서보다, 책쓰기가 더 좋은 이유

새끼를 배고 있었던 암호랑이 한 마리가 있었다. 오랫동안 굶주렸고 매우 지친 상태였다. 염소 떼를 발견하고 필사적으로 달려들었다. 하지만 어찌나 지쳐있었던지, 먹이를 잡기 위해 용을 쓰다가 그만 새끼를 낳고, 죽어 버렸다. 뿔뿔이 흩어져 정신없이 도망가던 염소들은 어미 호랑이가 더는 쫓아 오지 않는다는 사실을 깨닫고, 주위를 살피기 시작했다. 그런데 자신들을 먹이로 여기고, 뒤쫓던 어미 호랑이가 쓰러져 죽어있다는 사실을 알게 되었고, 그 옆에 갓 태어난 새끼 호랑이는 아무것도 모른 채 울고만 있었다.

염소들은 갓 태어난 새끼 호랑이를 데리고 다니면서 키웠다. 새끼 호랑이는 자신도 염소라고 생각을 하고, 염소처럼 '매에'하고 우는 법과 풀을 먹는 법을 배웠다. 하지만 외모는 볼품없이 되었고, 먹고 자란 것이 풀밖에 없으므로, 제대로 뛰지도 못하는 새끼 호랑이가 되었다.

사춘기가 된 새끼 호랑이는 여전히 풀을 먹고, '매에' 하고 울었지만, 여전히 비실거렸다. 어느 날 커다란 호랑이가 염소 떼를 덮쳤다. 염소들은 사방팔방으로 도망갔지만, 새끼 호랑이는 도망도 못 가고 멍하니 서 있었다. 큰 호랑이는 새끼 호랑이를 보자 놀라지 않을 수 없었다. 큰 호랑이는 새끼 호랑이가 호랑이의 말을 하지 못한다는 사실을 알고 화가 났다. 사냥도 하지 못하고, 도망도 치지 못하고, 심지어 풀을 주식으로 먹고 살아왔다는 사실을 알고, 그 새끼 호랑이를 데리고 강가로 데려갔다. 새끼 호랑이는 난생처음 자기의 얼굴을 보았다. 큰 호랑이는 자신의 얼굴을 그 옆에 가져다 대고 말했다.

"이것 봐, 넌 염소가 아니라 호랑이다. 알았느냐? 마음에 새겨 호랑이로 살아가라."

비로소 새끼 호랑이는 자신의 모습을 처음으로 보게 되었고, 염소가 아닌 호랑이라는 사실을 깨닫고, 호랑이로 살아갈 수 있게 되었다. 구본형 작가의 [깊은 인생]에 나오는 이야기다.

인생을 살아가는 데 있어서 생각만큼 중요한 것은 없다. 그중에서도 자기 자신에 대한 올바른 생각만큼 중요한 것은 없다. 스스로를 염소라고 생각해서는 안 된다. 당신은 호랑이 그 이상이기 때문이다. 왜 염소처럼 살고 있는가?

자신이 호랑이면서 염소라고 생각하는 그 생각을 버리지 않고, 그저 살아간다면, 영원히 염소로 살아야 한다. 당신은 염소가 아니라 호랑이이다. 누가 당신이 염소라고 말했던가? 당신은 호랑이다. 그러므로 이제부터 '나는 호랑이'라고 생각을 바꾸어야 한다. 생각보다 더 중요한 것은 없다. 나 역시 염소라고 생각하던 시절이 있었다. 바로 직장생활을 하던 때였다.

나는 평범한 직장인이었다. 다른 말로 하면, 현대판 노예, 즉 염소였다. 평생을 노예 생활을 하면서 염소로 살았을지도 모른다. 책 쓰기라는 어마어마한 행운을 만나지 않았다면 말이다.

대기업, 삼성에서 휴대폰연구원으로 직장생활 10년을 해도, 도서관에 파묻혀 3년 만권 독서, 1000일 독서를 해도, 돌파구가 보이지 않았다. 그저 염소였고, 어제도 그랬고, 오늘도 그랬다. 내일도 그럴 것이다. 직장생활을 열심히 해도, 실력이 출중해 날고 긴다고 해도 인생은 크게 달라지지 않는다. 쥐들의 경주에서 1등을 하더라도, 호랑이가 되지는 않기 때문이다.

염소로 살았던 나를 호랑이가 되게 해 준, 내 인생의 돌파구는 전혀 생각지도 못한 책쓰기였다. 책쓰기는 확실히 달랐다. 강력했다. 책쓰기는 수준과 차원이 달랐다. 꿈쩍도 하지 않던 인생이, 책쓰기로 바뀌었다.

해가 거듭될수록 직급만 높아질 뿐, 불필요한 경력만 쌓일 뿐, 어제와 다를 바 없는 다람쥐 쳇바퀴와 같은 염소의 삶이었다. 직장은 평생 나를 책임져주지도 않고, 정년퇴직이라는 문제도 있었다. 무엇보다 염소의 삶이라는 인생은 바뀌지 않는다는 것이다. 그렇다고 직장인들이여, 지금 당장 현대판 노예 생활, 염소의 삶에서 벗어나기 위해 사표를 조급하게 던질 필요는 없다. 48분 책쓰기가 있기 때문이다.

직장생활을 충실히 하면서, 퇴근 후 하루 48분만 투자해서, 책쓰기를 하면 되기 때문이다. 하루 48분, 1년간만 이 책에서 제시하는 방법대로 책쓰기에 미친다면, 직장을 다니면서도 현대판 노예에서 벗어나, 삶의 주인이 될 수 있다. 삶을 더 풍요롭게, 성공적으로 살아갈 수 있다. 똑같은 직장인이지만 어떤 이는 삶의 주인으로 살고, 또 어떤 이는 노예로 산다. 당신은 어느 쪽인가? 48분 책쓰기를 한다면, 호랑이로 살아갈 수 있다.

왜 책쓰기를 통해 인생역전을 군이 해야 할까? 왜 우리는 현대판 노예 생활에도 만족하면서 살아가고 있는 것일까? 플루타르크 영웅전에 이런 말이 있다.

"가난은 결코 불명예나 치욕으로 여길 것이 아니다. 문제는 그 가난의 원인이다. 나태, 멋대로의 고집, 어리석음. 이 세 가지 중 하나가 가난의 결과라면 그 가난은 진실로 수치로 여겨야 할 것이다."

현대판 노예 생활, 염소의 삶을 사는 사람들의 이유는 더 나은 삶에 대한 갈망이 없는 상태, 조용한 절망의 상태일 지도 모른다. 학습된 무기력의 결과인지도 모른다. 나태와 어리석음, 무지와 고집 때문인지도 모른다. 당신은 어떤가? 무기력한 당신을 만드는 것은 무엇일까? 바로 생각이다.

"어제의 생각이 오늘의 당신을 만들고, 오늘의 생각이 내일의 당신을 만든다."

블레즈 파스칼의 이 말처럼 생각이 우리를 만든다. 생각이 우리를 이끈다. 그렇다면 먼저 생각을 바꾸어야 한다. 생각을 바꾸지 않으면, 어제와 같은 내일을 살게 된다. 외부의 혁신은 내적인 성장 없이는 불가능하다. 갈망하는 모든 성장에는 생각의 변화가 우선되어야 한다.

생각을 바꾸어야 달라진 세상이 보인다. 생각을 바꾸어야 다른 인생이 펼쳐지는 것이다. 노예와 같은 직장생활을 평생 해도 인생은 달라지지 않는다.

성공하는 사람의 공통점을 잘 알고 있을 것이다. 정상에 오르는 사람과 결코 오르지 못하는 사람의 차이점은 생각이다. 성공하는 사람은 생각이 남다르고, 뛰어나다.

사고를 하나의 기능이라고 주장하는 창의적 사고법 분야의 선구자이자 세계적 권위자인 에드워드 드 보노(Edward de Bono)는 사고에 대한 사고의 개념을 개척한 학자다. 그는 '수평적 사고(Lateral thinking)'라는 용어를 처음으로 만들었다. 이 말은 현재 옥스퍼드 영어사전에도 올라와 있다. 그는 [드 보노, 생각의 공식]을 통해 생각도 하나의 기술이며, 이것은 인생을 통제하고, 인생이라는 자동차를 앞으로 나아가게 하는 추진력과도 같은 것이라고 말했다.

사고의 기술이 좋을수록 인생이 달라진다. 하지만 직장인은 상사가 시키는 일만 하거나, 주어진 프로젝트를 해결하는 일에만 제한적으로 사고력을 사용한다. 그래서 사고력 향상에 한계가 있고, 인생이 달라지지 않는다.

반면에 책 쓰기는 폭넓은 사고의 기술이 필요하다. 책쓰기는 사고력 향상 기술을 스스로 기를 수 있게 해 준다. 바로 이런 이유에서 직장생활 10년보다, 만권 독서 3년보다, 책쓰기 1년이 훨씬 더 강력한 것이다.

위대한 작가이자 노벨문학상 수상자인 아일랜드의 극작가 조지 버나드 쇼(George Bernard Shaw)는 사람들이 너무나도 생각이란 걸 하지 않는다고 개탄했다. 자신이 세계적인 명성을 얻게 된 것은 사람들이 그토록 하지 않는 생각이란 것을 했기 때문이라고 한다.

"사람들은 일 년에 두세 번도 생각이란 걸 하지 않는다. 그리하여, 나는 일주일에 한두 번의 생각만으로 세계적 명성을 얻었다."

그가 세계적 명성을 얻게 된 것은 노력도, 재능도, 학식 때문도 아니다. 그것은 남들보다 조금 더 생각이란 것을 했기 때문이다.

직장생활만 하는 사람과 책쓰기를 하는 사람의 가장 큰 차이는 이것이다. 생각이란 것을 더 많이 하게 해 준다. 그렇다고 직장인들이 프로젝트나 업무를 수행하기 위해 하는, 골치가 아픈 그런 생각이 아니다. 책쓰기를 하는 사람의 생각은 좀 더 고차원적이고 통찰력이 필요한, 세상을 남과 다르게 봐야 하는 그런 수준 높은 생각이다.

책을 쓰면 좋은 생각들이 꼬리에 꼬리를 물고 일어난다. 그러므로 책 쓰기가 생각하기 싫어하는 사람에게 좋은 생각을 끊임없이 할 수 있게 해 주는 최고의 수단이다. 책쓰기는 고차원적인 사고의 기술을 가장 효과적으로 연습하게 해 주는 최고의 도구다.

헨리 데이비드 소로(Henry David Thoreau)는 아름다운 매사추세츠주의 콩코드에서 1817년 태어났다. 그는 하버드 대학을 졸업했다. 그럼에도 남들처럼 부와 명성을 좇는 화려한 생활을 동경하지도, 따르지도 않았다. 그는 의식이 있는 사람이었다. 생각이 있는 사람이었다. 고향으로 돌아와 월든 호숫가에 통나무집을 짓고 생활했다. 그 2년간의 경험을 매일 기록했다. 그것이 19세기에 쓰인 가장 중요한 책 중의 하나로 평가받고 있는 [월든(Walden)]이다. 매일 몇 분 동안 책쓰기를 했는지, 정확한 시간은 알 수 없다. 하지만, 혼자 집을 짓고, 자급자족하며 살아야 했기에, 현실적으로 책을 온종일 쓰지는 못했을 것이다. 즉 그는 매일 한 시간 내외로 책을 썼을 것이다. 어쩌면 그보다 더 짧은 30분이었을지도 모른다. 한 시간과 30분의 중간쯤에 해당하는 48분이었을지도 모른다. 그는 48분 책쓰기를 우리보다 먼저 실천한 48분 책쓰기의 대가이자 선구자였을 지도 모른다.

"불멸의 영혼을 지닌 가련한 사람들이…… 힘든 인생의 길을 걷는 것을 나는 수없이 보아왔다. 유산을 물려받지 않아 그런 불필요한 짐과 싸우지 않아도 되는 사람들은 또 그들 나름대로 자그마한 육신 하나의 욕구를 채우고 가꾸는 데도 힘겨워하고 있다. 그러나 사람들은 그릇된 생각 때문에 고생하고 있다. 사람의 육신은 조만간에 땅에 묻혀 퇴비로 변한다……. 좀이 파먹고 녹이 슬며 도둑이 들어와서 훔쳐 갈 재물을 모으느라고 정신이 없다."〈헨리 데이비드 소로 [월든] 12~13쪽〉

정신없이 바쁘게 살아가고 있거나, 무엇인가에 심한 욕심을 내고 집착하게 되면 어리석은 생각을 할 수 있다. 무엇인가를 심하게 두려워한다면 두려움 속에 갇혀 살아가게 된다. 이 모두가 그릇된 생각을 하게 만드는 것이다.

직장생활도 그렇다. 필자는 대학교를 졸업하자마자 취업했다. 그리고 한 곳에서 11년 동안 직장생활을 했다. 염소의 삶이었다. 직장생활을 열심히 했음에도 왜 인생이 바뀌지 않았을까? 책쓰기는 왜 1년만 해도 달라지는 것일까? 그 차이는 생각하는 힘 때문이다. 직장생활은 상사가 시키는 일만 열심히 하고, 순종하고 복종하면 된다. 책쓰기는 정반대다. 세상에 없는 문제를 발견하고, 그 해결책을 찾고, 남과 다른 시선으로 세상을 통찰해야 하고, 세상에 순응하기보다는 물살을 거슬러 올라가는 물고기처럼, 세상을 이길 수 있는 지혜와 방법을 찾아내야 한다. 책쓰기는 이런 과정을 통해 스스로 사고하는 기술을 습득하게 해 준다.

워런 버핏은 '어떻게 하면 잘 살 수 있을지를 고민하고, 당신들이 하는 일을 사랑하라.'라고 말한 적이 있다. 어떻게 하면 어제보다 오늘이, 오늘보다 내일이 더 나을지를 고민해야 한다. 그런데 직장생활에 매몰되면 하던 일을 어떻게 하면 오래 할 것인지에 대해서만 고민하게 된다. 고민의 범위와 방향을 바꿀 필요가 있다. 황금은 땅속에서보다 인간의 생각 속에서 더 많이 채굴되었다. 인간의 생각 속에서 황금을 채굴하는 방법의 하나가 책 쓰기다.

"당신의 사고와 마음가짐이 당신의 운명을 창조한다."

조셉 머피 박사의 이 말처럼 당신의 운명은 생각이 결정한다. 생각을 바꾸어야 현대판 노예 생활에서 탈출할 수 있다. 생각을 바꾸면, 새로운 인생이 펼쳐진다. 문제는 어떻게 생각을 바꾸냐는 것이다. 유일한 해답은 아니지만, 실현 가능한 해결책 중의 하나는 책쓰기다.

'나는 작가가 될 수 없어'라고 생각하지는 않는가? 그 생각은 맞지도 틀리지도 않는다. 당신이 평생 작가가 되지 않으면, 맞는 생각이고, 보란 듯이 작가가 되면, 틀린 생각이기 때문이다.

평범한 당신도 작가가 될 수 있고, 전문가도 될 수 있다. 평범한 직장인에서 베스트셀러 작가가 된 사람이 필자다. 평범한 사람들을 베스트셀러 작가로 변신시켰다. 경험자의 말은 믿어도 된다. 하루 48분 책쓰기면 충분하다.

인생역전,
하루 48분 책쓰기면 충분하다

'꾸준함을 이길 재주는 없다.'

　이 말은 반은 맞고, 반은 틀리다. 콜라와 커피는 다르다. 분별력을 길러야 한다. 무엇을 하는 꾸준함이냐에 따라 재주를 이길 수도 있고, 질 수도 있다. 직장생활을 수십 년 꾸준하게 해도 인생은 크게 달라지지 않는다. 물론 굶어 죽지도 않는다. 실패하지도 않고, 성공하지도 않는 길이 어떻게 보면 직장생활이다. 그것이 염소의 삶이다. 실패도 아니고, 성공도 아닌 최소한의 사회생활을 유지해 주는 그런 인생, 그런 밋밋한 인생, 그런 염소의 삶이 이제 지겹다면, 눈부시고 짜릿한 호랑이의 삶에 도전해보라.
　직장생활은 참 묘하다. 직장에서는 아무리 실력이 좋아도, 아무리 잘나가도 인생은 크게 달라지지 않는다. 잘나가는 것은 회사뿐이다. 달라지는 것은 회사뿐이다. 하지만 책 쓰기를 할 때는 이야기가 달라진다. 책쓰기는 당신을 잘나가게 해 주고, 당신의 인생을 바꾼다. 실력이 없어도, 어느 정도의 작가만 되어도 인생은 몇 배 더 달라진다.

10년, 20년 꾸준하게 직장생활을 했다면, 이제 퇴직할 날이 좀 더 다가왔다는 말이다. 그 이상도 그 이하도 아니다. 하지만 꾸준한 책쓰기는 다르다. 인생역전이 가능한 날이 점점 다가오고 있다는 말이다. 아니 이미 인생역전이 이루어졌고, 지금은 그 후광효과를 누리고 있다는 말인지도 모른다.

인생역전을 위해 당신은 무엇을 하고 있는가? 무슨 준비를 하고 있는가? 책쓰기보다 더 강력한 인생역전 수단이 있는가? 만약에 있다면 그것에 도전하라. 있다면 말이다. 하지만 없을 것이다. 주식이나 부동산도 어느 정도 자본이 있어야 하고, 공부도 치열하게 해야 한다. 이 두 가지를 할 수 있다면 해도 좋다. 필자는 절대 못 한다. 안 한다. 이것보다 더 강력한 인생역전 수단을 확보했기 때문이다.

주식, 부동산보다 책쓰기가 더 낫다. 자본이 없어도 가능하기 때문이다. 공부를 치열하게 하지 않아도 된다. 책쓰기는 하나의 기술이며, 그 과정 자체가 연습이고 공부이기 때문이다. 그렇다. 책쓰기는 실천이다. 책쓰기를 시작하고자 하는 사람들에게 가장 필요한 두 가지가 있다. 그것은 망설이지 않고 실천하는 것, 그리고 중간에 포기하지 않는 것이다. 우리는 끝까지 해내는 불굴의 실천력을 그릿(grit), 혹은 기개라고 말한다.

"아는 것만으로는 부족하니 실천이 따라야 한다. 원하는 것만으로는 부족하니 행동이 따라야 한다."(요한 볼프강 폰 괴테, 독일 시인)

"강한 자는 망설이지 않는다. 굳건히 자리를 잡고, 땀을 흘리며, 끝을 향해 나아간다. 잉크를 다 써서 없애고, 종이를 모두 써버린다."〈쥘 르나르(Jules Renard)〉

"결단을 내리지 않는 것이야말로 최대의 해악이다."라고 말한 R. 데카르트의 말을 명심해야 한다. "머뭇거리다가는 실패하고 죽는다. 그러므로 결단하고 행동하라. 그것이 유일한 성공의 비결이다." 사마천은 사기(史記)에 결단력 있게 행동하는 사람의 위력을 잘 묘사한 바 있다. 실로 가슴에 와 닿는 말이다. "결단(決斷)을 가지고 행하면 귀신도 겁을 먹고 피한다." 유대인들의 지혜의 보고인 탈무드에도 망설임에 대한 언급이 있다. "세상에는 너무 지나치게 쓰면 안 되는 것이 세 가지 있다. 그것은 빵의 이스트, 소금, 망설임이다." 결단력 있는 사람들을 보라. 주위 사람들을 모두 이끌 만큼 위대해 보인다. 그리고 실제로 결단하고 행동하는 것은 위대한 것이다. 승리의 길이며, 성공의 길이며, 용기 있는 자만이 할 수 있는 길이며, 뛰어난 사람만이 할 수 있는 길이기 때문이다.

결단하고 실천하라. 시작하고 행동했다면 절대 포기하거나 멈추지 마라. 이 두 가지면 충분하다. 재능이나 실력은 없어도 좋다. 내공이나 경험도 필요하지 않다. 이 두 가지면 이 모든 것을 다 이겨낼 수 있기 때문이다. 중요한 것은 절대 포기하거나 멈추지 않고 매일 전진하는 힘이다. 이 두 가지면 당신도 충분히 가능하다. 이것만 있다면 당신은 훌륭한 작가가 될 수 있다. 하루 48분 책쓰기면 1년이면 작가가 될 수 있다.

직장생활을 수십 년 동안 한 사람들을 절대 만만하게 생각해서는 안 된다. 이미 그들은 그릿, 기개, 집념은 최고인 사람들이다. 그들은 절대 포기하지 않고, 평생 자신의 길을 묵묵히 갈 사람들이다. 하지만 선택과 집중이 필요하다. 노력과 에너지를 직장생활하는 데 집중하고, 노후를 준비하지 않기 때문에 인생 후반기가 힘든 것이다. 필자도 11년이나 이렇게 길게 내다 보지 못하고, 눈앞만 보고 열심히 달리면서 살았다. 놀라운 사실은 직장생활을 할 때 발휘했던 끈기와 노력과 에너지의 반만 발휘해도 작가로 충분히 성공할 수 있다는 점이다.

우공이산(愚公移山), 수적천석(水滴穿石)이라는 말도 있다. 우직하고 어리석은 노인이 산을 옮기고, 떨어지는 작은 물방울이 바위를 뚫는다. 책쓰기는 바로 이런 것이다. 48분 책쓰기는 수적천석이고, 우공이산이다. 우직하게 계속해서 매일 '하루 48분 책쓰기'를 하는 것이 중요한 이유는 무엇일까?

우리는 쉽게 이렇게 말한다. '나도 책을 쓸 거야, 나중에'라고 말이다. 하지만 우리가 반드시 명심해야 할 것이 있다. 그것은 많은 사람이 말만 하고, 결단이나 행동은 하지 않는다는 사실이다. 즉 항상 내일로 미루고, 내일은 그다음 날로 미룬다는 사실이다. 오늘은 절대 행동하지 않고, 쓰지 않고 내일로 미루고 또 미룬다. 하지만 작가들은 절대 미루지 않고 바로 오늘 행동하고 매일 꾸준히 책을 쓴다.

하루에 열 시간씩 책을 쓰는 것이 좋은 것이 아니다. 매일 하루 48분씩, 적은 시간이라도 꾸준히 쓰는 것이 더 중요하다. 하루 48분 책쓰기는 인생이라는 바위를 충분히 뚫을 수 있는 수적(水滴)이 된다. 아무리 완벽한 책쓰기 계획을 세운다 해도, 실천하지 않고, 매일 미루기만 하면, 작가가 될 수 없다.

사용하지 않는 도끼는 녹이 서는 법이다. 매일 하지 않으면 책쓰기 실력이 떨어질 뿐만 아니라 책쓰기라는 마라톤을 완주하지 못한다. 매일 쓰면 힘이 붙고, 탄력이 생기고, 심지어 생각지도 않았던 필력도 향상된다. 완주하는 것이 가능해진다. 일거양득이다.

매일 책을 쓰면 책쓰기가 그렇게 힘든 것이 아니라는 귀중한 사실을 깨닫게 된다. 이 얼마나 중요한 일인가? 책쓰기가 힘든 것이 아니라 즐겁고 신나고 재미있는 것이라는 생각을 한다는 것 자체가 이미 자신을 뛰어넘었다고 볼 수 있다. 이미 어느 정도 경지에 오른 것이다. 이미 당신은 책쓰기 덕후, 책쓰기 고수, 책쓰기 달인의 경지인 것이다. 축하한다.

이런 경지에 이르기 위해서 가장 필요한 것이 매일 책을 쓰는 것이다. 그래서 하루에 48분만 투자해서 열 개의 문장을 만드는 48분 책쓰기를 하라는 것이다. 그것이 '인생역전 48분 기적의 책쓰기의 요체'다. 48분 책쓰기는 매일 책을 쓰는 즐거움과 기쁨을 누구나 경험하게 해 준다. 시작은 작게, 가볍게, 부담 없이 하는 것이다. 하루 48

분은 잠자는 시간이나 TV를 보는 시간만 줄여도 가능하다. 인생역
전, 48분 책쓰기면 충분하다.

제 2 장

일생에 한 번은
48분 책쓰기에 미쳐라

"언제까지 읽기에서 머물 것인가, 생각하지 말고 무조건 써라!, 글 자체가 되어라!" 〈김병완의 책쓰기 혁명〉

왜 변화가 필수인가?

변혁의 시대다. 당신은 어떻게 적응해 나가고 있는가? 급변하는 환경에 자신을 잘 적응시켜 살아남는 종의 대표적인 사례가 바로 '잡초'이다. 잡초가 변화에 대응하는 적응력에 대해 잘 알 수 있는 책인 이나가키 히데히로의 [잡초의 성공전략]이란 책을 보면, 잡초가 얼마나 변화에 잘 적응하는 식물인지 감탄을 자아내게 한다.

"짓밟히고 짓뭉개지더라도 다시 일어선다. 혹독한 경쟁 사회에서 살아남는 비결은 [힘]이 아니라 [전략]이다!"

제비꽃, 괭이밥, 냉이, 민들레, 큰개불알꽃, 쇠비름, 개여뀌, 방동사니, 별꽃, 부들, 갈대, 도꼬마리, 쇠뜨기, 망초, 쑥, 질경이 등과 같은 잡초의 놀라운 생명력을 아는가? 그 놀라운 생명력의 토대가 되는 것이 바로 변화에 대한 적응력이라고 할 수 있다. 잡초들은 변화에 가장 잘 적응하는 식물이다. 변화를 거부하지 않고, 변화를 선택한다. 개체마다 자신이 처한 환경과 변화에 따라 얼마든지 자신의 크기를 다르게 할 수 있다. 보통 1제곱미터(약 0.3025평)당 7만 5천여 개의 잡초 종자들이 분포하고 있고, 별꽃의 경우 600년 전, 명아주는 1,700년 전의 종자가 땅속에 살아있다. 냉이는 4만여 개, 망초는 82만여 개의 종자를 생산한다고 한다.

똑같은 민들레의 경우를 살펴보면, 그들이 처한 환경과 변화에 따라 그들은 삶의 생존 전략을 다르게 가지고 간다. 야산에 자라는 민들레는 아무런 위협도 없다. 하지만 골프장 안에서 자라야 하는 골프장 안의 민들레는 어떻게 할까? 그들의 생존 전략은 속전속결이다. 일단 그들은 잔디 키만큼만 자란다. 그리고 무엇보다 재빨리 꽃을 피우고, 종자를 날린다. 이것이 그들의 생존 전략이다. 야산의 민들레는 이와 정 반대다.

연꽃의 경우는 더 극적이다. 연꽃은 자신이 속한 항아리의 크기에 비례해서 성장한다. 그 이상 성장한다는 것은 자멸을 뜻하기 때문이다. 스스로 항아리의 크기에 자신의 크기를 맞추어 나가는 것이다.

이처럼 경이로운 잡초의 생존 전략은 우리에게 큰 깨달음을 가져다준다. 잡초가 오랫동안 생존하고 번성할 수 있는 것은 바로 변화를 두려워하지 않고, 변화를 선택하고, 온몸으로 변화해 나가기 때문이다. 그리고 여기서 한 발 더 나가서, 변화를 오히려 생존을 위한 도구와 수단으로 이용한다.

　잡초의 대명사인 질경이의 경우는 최고의 경지를 보여준다. 사람의 발길이 닿는 곳만 골라서 자란다. 질경이는 이것을 최고의 생존전략으로 삼는 잡초이다. 질경이는 사람이 다니지 않는 상대적으로 안전한 곳에서는 다른 식물들과의 경쟁에서 이기지 못하여 쉽게 쫓겨나는 식물이다. 그들이 이렇게 된 것은 그들의 독특한 생존 방식 때문이기도 하다. 그들은 사람이 잘 다니는 곳만 골라서 자란다. 그래서 그들은 항상 짓밟힌다. 그래서 그들은 자신의 성장점을 낮추고, 줄기가 매우 짧게 성장하게 진화했다. 그뿐만이 아니라, 사람들이나 동물들에게 밟히는 것을 역이용하여, 번성의 전략으로 삼았다.

　질경이의 학명은 플란타고(Plantago)이다. 이것의 뜻은 '발바닥으로 운반한다.'라는 뜻이다. 실제로 질경이의 종자들은 사람이나 동물, 심지어 자동차의 타이어에 밟히게 되면, 바로 그 발바닥에 착 달라붙는 구조로 되어있어서, 자신을 밟은 사람이나 동물, 타이어에 붙어서 퍼지게 된다. 그로 인해 평지에 자라는 잡초였던 질경이가 등산로에도 자라게 되었고, 포장 안 된 자동차 길과 산길에도 어김없이 자라게 되었다. 질경이는 이처럼 변화에 적응하고, 변화를 선택하고, 변화를 이용한다.

　이처럼 우리는 변화를 두려워해서는 안 된다. 오히려 잡초들처럼 변화에 잘 적응하고, 심지어는 변화를 잘 이용해야 한다. 그러한 변화를 통해 우리는 보다 나은 삶의 양식과 방법을 스스로 만들어나갈 수 있어야 한다. 그렇게 하기 위해서는 먼저 변화를 두려워하지 않고 당당하게 변화를 직시할 수 있는 용기가 필요하다.

칭기즈칸은 말했다. '끊임없이 이동하는 자만이 영원히 살아남는 다.'라고 말이다. 끊임없이 이동하는 사람은 다름 아닌 끊임없이 변화를 선택하고, 변하는 사람이다. 끊임없이 이동하고 변하는 사람만이 지속해서 성장하고 성공할 수 있다. 과거의 성공에 만족하고 안주하는 사람은 멀지 않아 도태되고 정체되고 사라진다.

변화를 무시하고, 변화를 싫어하고 현재의 삶에 안주하는 이들에게 경고를 해 주는 말로 잘 사용되는 문장이 있다. 바로 이것이다.

'그렇게 하다 코닥처럼 된다.'라는 말이다. 변화를 싫어하는 이들은 코닥의 사례를 잘 알아야 한다.

필름 시장을 독점하며, 경쟁자가 없었던 코닥은 카메라 업체로 세계 최고의 기업이었다. 그런 시절이 있었다. 코닥은 카메라를 인류에게 대중화시킨 눈부신 최고의 기업이었다. 그뿐만 아니다. 디지털카메라도 세계 최초로 만든 기업이기도 하다.

코닥은 한 마디로 기술과 자본, 경험과 역량, 이 모든 것이 경쟁자가 없을 정도로 독보적이었고, 세계 최강, 세계 최고 기업이었다. 하지만 '권불십년 화무십일홍(權不十年 花無十日紅)'이라는 말이 있듯이, 세상의 모든 것은 돌고 돈다. 흥할 때가 있으면, 쇠하게 될 때가 반드시 있다. 권력은 오래가봐야 십 년을 못 가고 활짝 핀 꽃도 열흘을 가지 못한다는 사실이 절대 틀린 말이 아니다.

세계 최고, 세계 최강 기업이었던 코닥은 변화와 혁신의 중요성을 간과했다. 디지털카메라를 세계 최초로 만들었지만, 디지털 시대의 변화를 거부하고, 아날로그 카메라 사업만 키우고, 디지털카메라 사업을 등한시했다. 시대는 디지털로 급변하고 있었고, 결국 후발 주자들이 디지털카메라의 기회를 파악하고, 디지털카메라에 사활을 걸고, 도전하게 되었다. 그 결과는 어떻게 되었을까? 경쟁자가 없었던 코닥이 결국 망하고, 파산 신청을 하게 되었다.

직원 5만 명을 내보내고, 13곳의 큰 공장을 매각하는 뼈아픈 경험을 해야만 했고, 카메라의 대세가 된 디지털카메라의 주도권을 일본 기업에 눈 뜨고 내주어야 했다. 당신이 변화를 선택해야 하는 이유다. 코닥처럼 세계 최고의 자본과 경험과 기술력을 다 가지고 있는 그런 독보적인 기업 혹은 사람이더라도 말이다. 일생에 한 번은 책쓰기에 미쳐야 한다. 이제 변화를 해야 한다. 변화는 필수다. 하루 48분만 책쓰기에 투자하라.

안주하는 삶이 나쁜 해악을 끼치는 이유는 무엇일까? 변하지 않고 안주하면 힘들게 쌓아 올린 실력과 내공과 위치가 모두 하락한다는 데 있다. 변화하지 않는다면, 현재 위치와 실력과 내공이 점점 하락하고, 심지어 없어지게 되고, 점점 쓸모없는 존재로 전락하게 된다. 변화를 선택하지 않고, 안주하고 정체된 삶을 사는 사람은 바로 이런 이유로 혼란한 순간을 맞이하게 된다. 그것은 위기의 순간이다.

이런 사람들은 큰 실수와 잘못을 하지 않았음에도 세상에 외면당한다. 아무도 당신을 찾지 않는다. 혼란과 충격과 실망은 변화를 선택하지 않는 자들의 몫이다. 당신이 살아가고 있는 이 시대와 이 세상은 인류 역사상 가장 큰 변혁의 시대다. 이런 세상을 살아가고 있는 당신이 변화하지 않는 것은 시대착오적 실수이다.

"지금 우리 사회가 혼란스러운 이유는 변화의 시대를 받아들인 사람이 부족하기 때문이다. 우리 주변은 고지식한 관료, 받아 적기만 하는 사람, 문자 그대로 해석하는 사람, 지침 신봉자, 주말만 기다리는 노동자, 주어진 길만 가는 사람, 해고를 두려워하는 직장인들로 가득하다. 문제는 이들이 모두 고통 속에서 살아간다는 것이다. 그들의 고통은 무시와 낮은 보상, 해고, 스트레스에서 비롯된다. 앞으로 무엇을 해야 하는지도 불확실한 시대에 고분고분 말 잘 듣는 무리는 별다른 도움이 되지 못한다."〈출처: 린치핀, 세스 고딘, p20〉

변화는 우리에게 생존을 보장해 준다. 찰스 다윈도 이 사실을 잘 알고 있다. 그는 자신의 저서인 [진화론]에서 다음과 같이 변화에 적응하는 것의 중요성에 대해 말해주고 있다.

"결국, 마지막까지 살아남는 종은 지적 능력이 뛰어난 것도, 체력이 강한 것도 아니다. 변화하는 환경에 잘 적응하는 종만이 살아남는다."

변화하는 환경에 잘 적응하는 자신을 만들어야 한다. 심하게 이야기하면 자신을 개조해야 한다. 당신은 무엇으로 자신을 개조하고 있는가? 아무것도 하지 않고 무조건 열심히 직장에서 일하고 있다면 문제가 심각하다. 직장은 당신을 개조시키지 않기 때문이다. 개조되는 것은 직장이다. 당신의 노동시간과 노력은 직장만 개조한다. 하지만 48분 책쓰기는 당신을 바꾼다.

미래를
준비하고 있는가?

당신은 린치핀(Linchpin)인가? 자동차나 마차의 두 바퀴를 연결하는 쇠막대기를 고정하는 핀이 린치핀이다. 어떤 일이나 사물의 핵심(核心)이나 요체(要諦), 구심점(求心點)을 일컫는 말로 확장할 수도 있다. 당신은 '누구도 대체할 수 없는 꼭 필요한 존재 혹은 조직의 핵심인재', '대체할 수 없는 유일무이한 독보적인 존재'인가?

세스 고딘(Seth Godin)은 [린치핀(Linchpin)]이란 책을 통해 당신에게 질문을 던진다. "당신은 대체 불가한 꼭 필요한 사람인가?"라고 말이다.

당신은 있어도 되고, 없어도 되는 존재감이 제로인 그런 사람인가? 어떤 조직이나 회사에서 꼭 필요한 사람인가? 직장생활을 20년, 30년을 했다고 해서 린치핀이 되는 건 아니다. 한 분야에서 전문가로 오랜 세월 경력을 쌓았다고 해서 되지도 않는다. 이미 각 분야에 경력자는 차고 넘치기 때문이다. 어떤 분야에서든 경력자들은 이미 이 세상을 뒤덮었다.

'안정은 실패의 또 다른 이름이다.' 새로운 길에 도전하지 않고 현실에 안주하며 사는 사람은 린치핀이 될 수 없다. 이미 안정된 직장과 심지어 의사, 변호사, 회계사 등과 같은 전문 자격증까지 있는 데 왜 린치핀이 되어야 할까?

그 이유는 분명하다. 세상이 어떻게 급변할지 모르는 변혁의 시대이기 때문이다. 2019년에는 상상도 하지 못했던 세상이 2020년 1월 우리에게 찾아왔다. 예고도 없이 코로나 팬데믹이라는 새로운 세상은 지구촌의 삶의 모습을 바꾸어 놓았고, 우리를 공포와 충격으로 몰아갔다. 이런 시대에 그 어떤 직장도 당신의 미래를 보장하지 않는다. 하지만 대체 불가한 린치핀은 다르다. 자본도, 기술도, 시간도, 능력도 없는 평범한 40~50대 직장인이 도대체 무슨 수로 린치핀이 되라는 이야기인가? 무슨 수로 미래를 준비하라는 말인가? 평범한 이들이 미래를 준비할 가성비 높은 수단이 48분 책쓰기다. 하루 48분을 투자해서 1년만 책쓰기에 미치면 길이 보이고, 방법이 보인다.

'내공과 실력이 없는 사람에게는 실천 가능한 현실적인 책쓰기'가 필요하다. 평범한 사람이 하루아침에 당장 책을 쓸 수 있는 것은 아니다. 하지만 하루 48분을 투자해서 열 문장을 쓰는 것은 가능하다. 그렇게 1년만 해보라. 하루 10문장이 1년 후에는 책 한 권이 된다.

기억하는가? 20세기에 거의 모든 사람을 사로잡았던 초기의 아메

리칸 드림의 핵심 덕목은 다음과 같았다.

고개를 숙여라.

지침을 따르라.

시간을 지켜라.

열심히 일하라.

비위를 맞춰라.

…… 그러면 보상을 받을 것이다.

하지만 세상은 변했다. 이런 시대는 끝났다. 이제 새로운 시대가
왔다. 과거는 잊어야 한다. 과거의 성공방식과 결별해야 한다. 그것이
새로운 성공의 단 한 가지 규칙이기 때문이다. 우리에게 필요한 것은
새로운 핵심 덕목이다. 모든 것이 달라졌다. 시대에 걸맞게 달라져야
한다. 생각도, 방식도, 성과도 말이다. 변화된 새로운 아메리칸 드림
의 핵심 덕목을 보라.

리마커블해져라.

관대하라.

예술을 창조하라.

스스로 판단하라.

…… 그러면 사람들은 보상하지 않을 수 없을 것이다.

필자는 여기에 하나를 더 추가하고자 한다. 바로 이것이다.

변화하라. 지금 당장 변화하라. 그러면 이 세상은 당신의 진가를 인정해 줄 것이다.

무엇으로, 어떻게 변화할 것인가? 세상에는 상상도 할 수 없을 정도로 그 방법은 많다. 다만 우리가 쉽게 발견하지 못했을 뿐이다. 필자가 운이 좋게 발견한 하나의 방법은 48분 책쓰기다.

혁신 기업 애플의 창립자 스티브 잡스가 세계에서 가장 창조적인 CEO가 될 수 있었던 비결은 변화와 도전이었다. 어제까지의 컴퓨터, 어제까지의 휴대폰, 어제까지의 음악시스템, 어제까지의 기기를 거부했다. 새로움을 추구했고, 도전했다. 보통 사람은 어제 했던 것을 그대로 하기를 좋아한다. 일단 쉽고 편한 것을 좋아하기 때문이다. 하지만 스티브 잡스는 끊임없이 변화를 추구했다. 그 덕분에 그는 이 세상에 없던 것을 만들어 내고, 혁신을 거듭하며 인류에게 스마트폰 시대를 열어준 혁신가가 될 수 있었다.

우리의 재능을 망치는 것은 바로 우리 자신이다. 변화를 추구하지 못하게 하는 것, 즉 튀지 않고 그대로 순응하려고 하는 우리 자신이다. 생존하고 성공하기 위해 우리가 해야 할 것은 바로 튀는 것이다. 튀어야 한다. 변해야 한다. 달라져야 한다. 어제와 다르고, 남과 다르고, 기존의 것과 달라야 한다.

우리 자신을 망치게 하는 것은 모두 사회의 시스템과 구조 때문이라고 세상 탓, 남 탓만 하면서 평생 살 것인가? 아니면 스스로 변화와 도전을 실천하여 눈부신 미래를 보란 듯이 살아갈 것인가?

성공하는 사람들은 모두 공통점을 가지고 있다. 마음껏 자신을 변화시키고, 새로운 일에 도전할 수 있는 환경을 스스로 만들었다는 점이다. 대표적인 인물이 노벨상을 받은 물리학자인 리처드 파인먼과 20세기 천재 발명가인 토머스 에디슨이다. 그들은 도전할 수 있는 환경을 스스로 만들었다. 하버드 대학교를 중퇴한 빌 게이츠도, 애플의 스티브 잡스 역시 대학교를 중퇴하여, 변화에 도전할 수 있는 환경을 구축했다. 미래를 준비하고 있는가? 미래는 그렇게 멀리 있지 않다. 지금 당장 준비해야 한다.

인생을 바꾸는
가장 강력한 도전!

변화와 도전을 한다고 해서 인생이 다 달라지는 것은 아니고 성공하는 것도 아니다. 변화와 도전에도 종류가 있다. 선택과 집중이 중요하다. 그렇다면 독자들은 어떤 변화와 도전을 할 것인가? 필자가 실제로 경험한 인생에서 가장 강력한 변화와 도전은 바로 책쓰기다.

인생을 바꾸는 가장 강력한 변화와 도전이 왜 책쓰기일까?

책쓰기는 먼저 진입 장벽이 낮다. 의사나 변호사, 연예인이 되라고 한다면, 40대 중년 남자가 도전했을 때 성공확률은 10%도 채 되지 않는다. 그 10%도 어마어마한 재력과 능력이 필요할 것이다. 10년 정도는 공부만 해야 하거나, 수입이 제로 상태일 뿐만 아니라, 학비와 생활비가 적지 않게 들기 때문이다. 하지만 책쓰기는 지금 즉시 시작할 수 있고, 성공확률이 사람에 따라 50~ 80%다. 책쓰기는 직장을 다니면서, 자기 일을 하면서, 병행할 수 있다. 하루 48분만 시간을 내면 일 년에 한 권의 책도 쓸 수 있다.

책쓰기는 상대적으로 투자 위험이 매우 적다. 수억의 투자금이 필요한 것도 아니고, 몇 년 이상의 준비 기간이 필요한 것도 아니다. 주식이나 부동산, 가상화폐로 패가망신한 사람은 봤지만, 책쓰기에 도전해서 가산을 다 탕진하고 패가망신했다고 하는 사람은 아직 한 명도 만나 본 적이 없다. 무엇보다 책쓰기는 평생 공부가 된다. 대학원에 다시 입학해서 공부하려고 해도, 학비가 필요하고, 엄청난 시간과 에너지를 투자해야 한다. 하지만 책쓰기는 가성비가 가장 높은 공부다. 하나의 주제에 관해 책 한 권을 쓰면, 그 주제에 대해 대학원을 다닌 것만큼의 전문가적 지식과 경험을 쌓을 수 있다. 그래서 한 권의 책을 출간해도 세상은 전문가로 대우해 주는 것이다.

책쓰기는 한 마디로 강력한 마법이다. 그래서 책쓰기에만 도전해도 인생이 바뀐다. 책쓰기 그 자체가 변화와 도전이기 때문이다.

과거에는 독서조차도 평범한 사람들이 할 수 없었다. 특권층이나 귀족들만이 가능했다. 이제는 독서는 누구나 다 할 수 있다. 이미 오래전에 독서 대중화 시대가 되었기 때문에 누구나 노력에 따라, 신분 상승도 가능하고, 부자도 될 수 있는 시대가 되었다.

독서 대중화 시대에는 더는 독서가 성공 수단이 아니다. 그래서 책쓰기가 독서보다 더 강력한 것이다. 책쓰기는 아직 대중화가 되지 않았다. 모르겠다. 앞으로 50년 후에는 누구나 책을 쓰는 시대가 될지도 모른다. 그때는 책쓰기를 해도 인생이 바뀌지 않을 것이다.

책쓰기를 하지 않고 전문가로 도약하기 위해서는 10년이 걸린다. 하지만 책쓰기를 하는 사람은 책쓰기의 효과 덕분에 3년이면 전문가로 도약할 수 있다. 이것 또한 책쓰기의 강력한 힘이다. 전문가로 성장하는 것은 책쓰기가 가져다주는 최고의 선물 중에 하나다.

책쓰기를 하면 그 분야에 대해서 남들보다 더 통합적으로, 더 면밀하게, 더 구체적으로, 더 치밀하게 사고할 수 있고, 분석할 수 있고, 기록할 수 있고, 창조할 수 있고, 연결할 수 있다. 그 덕분에 책을 쓰는 사람은 쓰지 않는 사람보다 성장과 도약이 몇 배 더 빠르다.

책쓰기를 하지 않고 전문가가 되는 길은 멀고도 험하다. 시간도 10년 이상이 필요하다. 시간만 필요한 것이 아니라, 경제적 사회적 뒷받침도 필요하다. 그래서 전문가가 되는 것이 어려운 것이다. 그런데 책쓰기를 하면 상대적으로 그 길이 쉽고 편하다. 한 마디로 책쓰기는 전문가가 되는 지름길이다. 전문가가 되기 위해서는 1만 시간의 법칙에서 증명하듯 1만 시간이 필요하다. 1만 시간은 하루 세 시간이면 10년이 필요하다. 독서나 공부, 자격증은 이런 일반적인 시간이 필요하다. 하지만 책쓰기는 강력하므로, 3년이면 가능하다. 하루 48분 책쓰기는 하루에 열 시간 이상 독서를 하는 것과 같은 강력한 효과가 있다.

그래서 책쓰기는 3년이면 전문가로 도약할 수 있다. 하지만 이 책의 독자들 모두가 전문가가 될 필요는 없다. 일생에 한 번은 책쓰기에 미치는 것만으로도 인생 최고의 변화와 도전은 충분하다. 하루 48

분 책쓰기면 충분히 인생을 바꿀 수 있다. 지금은 백세 시대다. 100년 중 3년은 24시간으로 치면 한 시간도 채 안 되는 48분에 불과하다. 하루 48분만 투자해서, 책 쓰기에 도전하면, 당신의 미래가 달라진다.

"모든 것의 시작은 위험하다. 그러나 무엇을 막론하고, 시작하지 않으면 아무것도 시작되지 않는다."

프리드리히 니체의 말이다. 아무것도 시작하지 못 하는 사람보다는 무엇을 막론하고 시작하는 사람이 더 낫다. 때로는 실패하더라도 무모하게 보이는 것이 더 낫다. 안정된 대기업을 박차고 나와서, 도서관 생활을 하던 3년의 기간은 정말 무모하게 보였을 것이다. 하지만 너무나 조심스러운 삶, 그 어떤 도전도 없는 삶, 그 어떤 갈망도 없는 삶은 심하게 이야기하면 진짜 삶이 아니다. 그런 가짜 삶에서 탈출해야 한다.

가슴 뛰는 삶은 그렇게 멀리 있지 않았다. 성공은 그렇게 거창할 필요가 없다. 어제와 달라진 자신을 만나는 것도 가슴 뛰는 일이다.

우리는 도전함으로써 성공하고 성장하는 존재이다. 인생은 단 한 번뿐이다. 한 번뿐인 인생을 시시하게 살다 갈 것인가? 위대함을 갈망하며, 담대하게 도전하며 살아갈 것인가? 가슴 뛰는 삶은 담대한 사람만의 전유물이 아니다. 어제와 다른 삶을 선택하고 작은 도전을 반복하면 된다. 평범한 사람도 가슴 뛰는 삶을 살 수 있게 해 주는 것이 48분 책쓰기다.

당신이 도전해야 하는 이유는 또 있다. 똑같은 세상을 살아가고 있지만, 당신만은 가슴 뛰는 삶을 살아야 하기 때문이다. 코로나 팬데믹 상황에서 많은 사람이 '사는 것이 너무 재미없고, 힘들고, 어렵다'라고 말한다. 하지만 누군가는 '그럼에도 사는 것이 가슴 떨리고 눈부시고 설렌다.'라고 말한다. 이 차이를 만드는 것이 작은 변화와 도전이다.

작은 변화와 도전을 즐기는 사람은 삶이 재미있다. 위대한 사람이 되어야 하는 것은 아니다. 담대한 용기와 거대한 변화와 도전이 필요한 것은 아니다. 작은 용기, 작은 실천이면 충분하다. 대한민국 평균인 필자도 했다. 세상은 정직하고, 정확하다. 아무 위험도 무릅쓰지 않고, 그 어떤 도전도 하지 않은 사람에게 눈부신 미래가 저절로 생기는 것은 아니다. 위대한 사람은 그만큼의 도전을 해야 한다. 하지만 평범한 사람은 아주 작은 도전과 실천을 해도, 세상은 정확하게 보상을 해 준다. 1000억 부자가 1억을 기부하는 것과 전 재산이 1억인 사람이 100만 원을 기부하는 것을 우리는 평가할 수 없다.

우리는 기억해야 할 것은 빈센트 반 고흐의 이 말이다.

"우리에게 뭔가 시도할 용기가 없다면 삶이 도대체 무슨 의미가 있다는 말인가?"

그렇다. 당신에게 필요한 것은 엄청난 실력과 내공이 아니다. 작은 용기다. 작은 실천이다. 필자에게 작은 용기는 11년 동안 다니던 직장에 사표를 던지는 것이었다. 그리고 매일 눈만 뜨면 도서관에 출근하는 일이었다. 이것을 반복했다. 3년 동안 말이다. 반복은 힘이 세다. 인생을 바꾸기 위해 엄청난 용기가 필요한 것이 아니라, 반복이 필요하다.

좋은 삶에 안주하면
안 되는 이유?

　당신은 누구인가? 당신은 천재일까? 아니면 평범할까? 평범한 삶을 사는 당신은 훈련을 통해 천재로 도약할 수 있을까? 필자는 사실 이런 질문에 전문가다. 이런 질문에 관한 책들을 많이 집필했기 때문이다. 3년 1000일 독서를 한 덕분에 천재에 관해 공부할 기회도 많았다. 천재들은 어떻게 만들어지는가에 대한 책도 출간한 바 있고, 우리의 자랑스러운 천재이자 공신인 조선 선비들의 천재 공부법에 관한 책도 출간한 적이 있다.

　궁금한 독자들은 [당신을 천재로 만드는 1% 법칙]과 [숨겨진 0.1% 공부의 신들의 천재 공부법]을 읽어보시라. 우리는 위대함과 평범함의 씨앗을 모두 가지고 태어난다. 당신이 어떤 교육을 받고, 어떤 환경에서 성장하느냐에 따라, 천재가 될 수도 있고, 평범해질 수도 있다.

자녀들을 키워 본 사람이라면 누구나 잘 알고 있다. 자녀들이 천재처럼 행동하는 것도 자주 볼 수 있다. 자녀들이 천재로 도약하지 못하는 가장 큰 문제는 자녀가 아니라 부모다.

부모는 자녀의 천재성을 말살시키기 때문이다. 그렇다고 해서 당신에게 자녀들을 꼭 천재로 키워야만 하고, 천재가 될 것을 늘 기대하고, 요구하라는 말이 아니다. 그저 자녀의 무한한 가능성을 짓밟지 말라는 말이다. 발명왕 토머스 에디슨도 될 수 있고, 세계 최고 부자빌 게이츠도 될 수 있고, 위대한 혁신가 스티브 잡스도 될 수 있는 자녀가 교육환경 때문에 평범한 인간으로 살아가는 것이 바람직하지는 않다.

문제는 부모들이다. 하지만 당신은 달라야 한다. 이제 부모 탓을할 나이가 아니다. 이제 당신의 인생과 미래는 오롯이 당신 탓이다. 세상과 타협하지 마라. 세상을 거부하고, 넘어서야 한다. 오랫동안 잠자고 있던 천재성을 깨워야 한다. 그렇다고 꼭 천재가 되라는 말이아니다. 천재가 될 필요는 없다. 다만 당신의 사업이나 업무에서 천재성이 자주 발휘된다면, 훨씬 더 일을 잘할 수 있고, 사업도 잘되고, 당신은 비범해지고, 탁월해질 수 있기 때문이다. 무엇보다 사업과 일을훨씬 더 쉽게 즐기면서 할 수 있게 된다. 얼마나 멋진 일인가? 그렇게하려면 먼저 한 가지 조건이 있다. 그것은 '적당히 좋은 인생을 거부하는 것'이다. 적당히 좋은 직장, 좋은 환경, 좋은 수입을 거부하고, 포기해야 한다.

많은 이들이 천재가 되지 못한 결정적인 원인은 좋은 학교, 좋은 직장, 좋은 생활에 적당히 만족하고, 안주하기 때문이다. 부모가 가장 원하는 것이 안정된 직장이기 때문에 아이들은 그것이 이 세상에서 최고로 좋은 것이라고 여기며, 이제 됐다고 생각한다. 하지만 당신은 아이가 아니다. 당신은 성인이다.

좋은 직장, 좋은 학교, 좋은 대우, 좋은 월급에 안주하며, 더는 그 어떤 변화와 도전도 필요하지 않을 때, 그 모든 좋은 것을 거부해야 한다. 적당히 좋은 것을 수용할 때, 더는 위대함으로 나아갈 수 없다. 위대함으로 가는 길은 막히게 되고, 문은 굳게 닫히게 된다. 이러한 사실을 잘 말해주는 사람이 있다. 미국의 스탠퍼드 대학교의 경영학과 출신의 경영 컨설턴트인 짐 콜린스(Jim Collins)이다.

"좋은 것은 큰 것, 거대하고 위대한 것의 적이다.

우리 사회에 거대하고 위대해지는 사람, 거인으로 도약하는 사람이 그토록 드문 이유도 대개는 바로 이 때문이다. 거대하고 위대한 학교는 없다. 대부분은 좋은 학교들이 있기 때문이다. 거대하고 위대한 정부는 없다. 대부분은 좋은 정부가 있기 때문이다. 위대한 삶을 사는 사람은 아주 드물다. 대부분은 좋은 삶을 사는 것으로 만족하기 때문이다. 대다수 회사는 위대해지지 않는다. 바로 대부분 회사가 제법 좋기 때문이다. 그리고 그것이 그들의 주된 문제점이다."〈출처: Good to Great, 짐 콜린스. p.19〉

필자는 이 문장을 읽으면서 전율을 느꼈다. 뼈에 사무치고 영혼을 깨우는 책이란 말이 이것을 두고 하는 말이 아닐까? 짐 콜린스가 자신의 책 서문에 밝힌 이 이야기는 한마디로 좋은 삶에 안주하지 말라는 것이다. 좋은 삶을 살고, 좋은 회사에 다녀도 안주하게 되면, 위대한 삶을 살 수 없고, 위대한 기업을 만들 수 없고, 위대한 업적을 달성할 수 없다는 말이다.

우리는 왜 굳이 위대한 삶을 살아야 할까? 그냥 평범한 삶을 살면 안 되는 것일까? 아니다. 그냥 평범한 삶을 살아도 된다. 하지만 위대한 삶을 추구한다고 해도, 평범하게 사는 것과 별반 다를 바 없이 더 힘들고 더 어려운 것이 아니라면 어떨까? 오히려 평범하게 사는 이 삶이, 위기나 위험이 없는 것처럼 보이는 이 삶이, 더 위험하고, 더 어렵고, 더 힘든 삶이라면 어떨까? 실제로 그렇다.

적당히 좋은 것을 거부해야 할 한 가지 이유는 좋은 삶에 안주하면 살아가기 더 힘들어지고, 더 어려워지고, 더 위험해지기 때문이다. 좋은 것에 안주하게 되면 생존조차 보장할 수 없기 때문이다. 짐 콜린스는 2001년에 [좋은 기업에서 위대한 기업으로(Good to Great)]를 출간한 후 오래되지 않아 큰 충격에 휩싸였다. 그토록 강하고, 그토록 좋은 기업들이, 그 많은 시련과 어려움을 극복해 낸 좋은 기업들이 하루아침에 몰락해 버리는 것을 두 눈으로 똑똑히 지켜봤기 때문이다.

어떤 좋은 기업은 위대한 기업으로 도약하고 건재하지만, 왜 어떤 좋은 기업은 시장에서 사라지거나 몰락하는 것일까? 그는 5년 동안 6,000년에 해당하는 기업역사를 철저히 조사하고 분석하여 이유를 밝혀냈다. 그것이 [위대한 기업은 다 어디로 갔을까? (How The Mighty Fall)]이다. 그는 이 책에서 몰락의 5단계를 제시한다. 그중에 첫 번째 단계, 즉 몰락의 전조가 바로 성공으로부터 자만심이 생겨나는 단계라고 말한다. 몰락의 가장 큰 원인은 외부 환경이 아니라 자신들의 내부에 있다.

"승승장구하느냐, 실패하느냐?
오래 지속되느냐, 몰락하느냐?
이 모든 것이 주변 환경보다는 스스로 어떻게 하느냐에 달려있다."

성공하는 사람들은 변화를 즐기고, 변화를 받아들였다는 사실을 알 수 있다. 적당히 좋은 현실, 적당히 좋은 수입에 만족하고 안주하면, 미래가 없다. 변화는 이제 위대함이 아니라 생존을 추구하는 모든 이들의 숙제가 되었다. 혁신 없이 위대해진 인물을 찾아보자. 아무도 없다. 변화 없는 성장은 없다. 변화는 적당히 좋은 것을 거부하는 일에서 시작한다.

"변화하는 것은 성숙하는 것이며, 성숙하는 것은 우리 자신을 끊임없이 창조하는 것이다."

프랑스의 철학자이자 노벨문학상 수상자이기도 한 앙리 베르그송

(Henri Bergson, 1859~1941)의 말이다.

건강해지고 싶다면 등산을 하고, 성장하고 성공하고 싶다면 도서관에 가라. 도서관에 가서 새로운 것들을 배우고 공부하다 보면 늙는 것이 아닌 성장을 하게 되고, 성장한 만큼 성공하기 때문이다.

적당히 좋은 것을 거부하는 것이 변화와 성장의 시작점이다. 변화가 시작되면, 우리는 더는 과거의 나 자신이 아니다. 그리고 그것은 위대함과 탁월함을 추구하는 첫걸음이다.

"자신을 대단치 않은 인간이라 폄하해서는 안 된다. 그 같은 생각은 자신의 행동과 사고를 옭아매려 들기 때문이다. 오히려 맨 먼저 자신을 존경하는 것부터 시작하라. 아직 아무것도 하지 않은 자신을, 아직 아무런 실적도 이루지 못한 자신을 인간으로서 존경하는 것이다. 자신을 존경하면 악한 일은 절대 행하지 않는다. 인간으로서 손가락질당할 행동 따위 하지 않게 된다. 그렇게 자신의 삶을 변화시키고 이상에 차츰 다가가다 보면, 어느 사이엔가 타인의 본보기가 되는 인간으로 완성되어 간다. 그리고 그것은 자신의 가능성을 활짝 열어 꿈을 이루는데 필요한 능력이 된다. 자신의 인생을 완성하기 위해 가장 먼저 스스로를 존경하라."〈시라토니 하루히코, [니체의 말], 21쪽〉

독일의 철학자 니체의 말처럼 자신을 드높이고, 존경해야 한다. 자신을 드높이고 존경한다는 것은 적당히 좋은 것에 만족하지 않고, 나는 최고임을 믿고, 최고를 추구하는 것이다. 스티브 잡스가 항상 '우직하게 나가고 늘 바보처럼 갈망하며' '세상을 놀라게 하자'라고 말한 것을 기억하는가? 당신은 탁월함에 대한 갈망이 있는가? 적당한 삶에 안주하고 사는가? 대문호 윌리엄 셰익스피어도 역시 '내 안에는 사그라지지 않는 갈망이 있다.'라고 말했다.

누구에게나 내면에는 거인이 잠자고 있다. 훌륭한 삶은 잠자고 있는 거인을 깨우는 것이다. 좋은 것을 거부해야 하는 이유가 바로 이것이다. 지금 당장 '나는 탁월함을 추구할 것이다.'라고 외쳐라. 탁월함을 추구할 때, 내면에서 잠자고 있는 거인은 깨어나기 시작한다.

탁월함을 추구해야 하는 또 다른 이유는 노력에 대한 성과 때문이다. 같은 시간, 같은 노력을 했음에도 큰 기대를 하고, 더 높은 목표를 설정한 사람이 그렇지 못한 사람보다 훨씬 더 높은 곳까지 오르고 더 많은 돈을 벌기 때문이다.

현대 경영학의 창시자인 피터 드러커는 이 사실을 잘 알고 있었다.

"조금밖에 바라지 않으면 성장도 없다. 많은 것을 추구하면 같은 노력으로 거인으로 성장할 수 있다. 스스로 성장해 나가기 위해 가장 우선시해야 하는 것은 탁월함을 추구하는 일이다. 여기서 자신감이 생겨난다. 능력은 결과의 질을 바꿀 뿐만 아니라 일을 수행하는 사람 그 자체를 바꾸기 때문에 중대한 의미를 갖는다." 〈피터 드러커, [드러커 100년의 철학], 13쪽〉

적당히 좋은 것에 만족하기보다, 탁월함을 추구할 때 스스로 더 크게 성장할 수 있다. 그래서 세상에는 이런 말이 있다. '미쳐야 미친다.' 그 어떤 분야에서든 미치지 않으면, 최고의 수준, 최고의 경지에 오르지 못하는 것이다. 학문이든, 예술이든, 예능이든, 적당히 좋은 것에 만족하는 사람은 최고가 될 수 없다. 자신을 잊고 온전히 몰입할 수 있을 만큼 탁월함에 미쳐야 한다. 한 마디로 자신을 넘어서는 유일한 방법은 불광불급(不狂不及)이라고 할 수 있다.

조선 후기 실학자 박제가는 '벽이 없는 사람은 쓸모없는 인간이며, 벽이 있는 자만이 독창적인 정신을 갖춘 전문가'가 된다고 말한 적이 있다. 사람은 벽이 있어야 한다. 벽이 없으면 쓸모없는 사람일 뿐이다. 어떤 분야든 대가나 고수는 모두 벽이 있는 사람이다. 벽(癖)이란 하나에 집중하고, 치우쳐서 굳어진 성격이나 버릇을 말한다. 대가나 고수가 되는 것은 벽이 있는 사람만이 능히 할 수 있다.

세상은 정확하다. 그리고 만만치 않다. 적당히 대충 잘한다고 성공할 수 없다. 최고가 되어야 한다. 전문가가 되어야 살아남는다. 그 시작은 적당히 좋은 것을 거부하는 것이다.

하루 48분 책쓰기가 주는
일곱 가지 선물?

치매에 걸리지 않고 장수하는 사람들은 재미있게도 공통점이 있다. 그것은 언제나 바쁘게 움직이고 끊임없이 머리를 사용하여 새로운 것을 배우고, 새로운 책들을 많이 읽는 습관을 지니고 있다는 사실이다. 한 마디로 공부를 지속하는 사람이다. 이런 사람들은 자신의 공부와 삶이 고정되지 않고, 얼마든지 더 성장할 수 있음을 믿는 사람들이다.

공부를 지속하는 사람은 치매에 걸리지 않으며, 치매에 걸려도 치명적인 피해를 줄일 수 있다. 이러한 사실을 입증해 주는 사례가 101세로 세상을 떠난 메리 수녀의 부검 결과다.

그녀는 101세까지 살면서도 정상적인 인지 능력을 여전히 유지하고 있었다. 그런데 놀라운 사실이 부검 결과 발견되었다. 그녀는 이미 알츠하이머병에 걸려 있었다는 사실이었다. 그렇다면 어떻게 해석해야 할까? 알츠하이머병에 걸린 101세의 할머니가 어떻게 정상적인 인지 능력을 보여 줄 수 있었던 것일까?

그 이유는 공부를 지속하는 사람은 인지 능력이 유지되기 때문이다. 결국, 비결은 끊임없이 머리를 사용하는 것이다. 공부와 변화를 멈추는 순간 성장이 아닌 늙음이 시작된다. 공부와 변화를 멈추는 것은 늙음을 선택하는 것과 같다.

평균 수명이 40세밖에 되지 않았던 중세에 변화를 추구하며 새로운 것을 학습하고, 창조해 내며 공부를 계속했던 과학자와 예술가들의 평균 수명은 놀랍게도 73세라는 점을 아는가? 우리나라도 이와 비슷하다.

조선 시대 평균 수명은 40세 전후였다. 지금과 비교하면 반 토막 정도다. 그런데 조선의 명재상이자 학문적인 업적으로 유명한 황희 정승은 90세까지 살았고, 동방의 주자로 불리는 퇴계 이황은 70세까지 살았고, 다산 정약용도 70세 이상을 살았다. 가장 많은 도서를 집필한 것으로 알려진 혜강 최한기 선생 역시 70세 이상 살았다. 조선 후기의 대표적인 서예가, 금석학자, 고증학자인 추사 김정희도 역시 70세 이상을 살았다. [열하일기] [연암집] [허생전] 등을 쓴 조선 후기 실학자 겸 소설가인 박지원도 역시 70세 가까이 살았다. 이러한 사례를 볼 때 우리가 알 수 있는 것은 성장을 추구하며 끊임없이 자신을 발전시켜 온 사람들은 늙지 않고 성장한다는 점이다.

잘 따져보면 조선 시대 장수한 학자들은 모두 공통점을 가지고 있었다. 그것은 바로 책쓰기다. 그들은 모두 책을 읽고 책을 쓰는 일을 본업으로 삼았다. 책을 쓰는 사람 중에 치매나 알츠하이머에 걸리는 사람은 매우 적다. 책을 매일 쓰는 사람은 쉽게 늙지 않는다. 뇌를 계속해서 활성화하고 자극하기 때문이다. 책쓰기를 하는 사람은 쉽게 늙지 않는다.

자, 그렇다면 당신은 늙어 갈 것인가? 성장해 나갈 것인가? 당신이 하루 48분 책쓰기에 도전해야 하는 또 다른 이유가 있다. 하루 48분 책쓰기는 당신의 수명과 건강에 도움을 주기 때문이다.

나이가 50이 넘어가면, 갱년기와 우울증, 무력감, 허탈감, 소외감, 분노, 슬픔, 상처, 아픔, 후회, 연민, 고뇌 등이 우리를 사로잡을 때가 있다. 이때 필요한 것은 이 모든 것을 거뜬하게 이겨낼 강력한 무기다. 이런 무기를 당신은 가지고 있는가? 없는 사람은 매우 위태롭다. 중년의 위기가 빈말이 아니다. 경험해 본 사람은 안다. 등산도, 수영도, 헬스도 한계가 있다. 왜 책쓰기와 등산, 수영, 헬스, 바둑, 장기 등 취미 생활은 다른 것일까?

그 차이를 가르는 것은 책쓰기에만 존재하는 '성장'과 '성공'이라는 키워드다. 책쓰기는 취미 활동의 수준을 뛰어넘는다. 책을 쓰는 사람을 성장시켜 주고, 성공하게 해 주기 때문이다. 취미 활동은 당신을 절대 성공하게 만들어 주지 않는다. 책쓰기는 사회적으로 '성공', '인정', '성장', '보람'이라는 소중한 가치를 당신에게 선사한다.

인생을 즐겁고, 활기차게 희망을 품고 살아가는 사람과 그저 무기력하게 힘없이 하루하루 살아가는 사람의 차이를 가르는 것은 바로 성장과 성공이다. 다른 취미 활동은 주지 못하지만, 48분 책쓰기는 줄 수 있는 것이 '성장'과 '성공'이다.

성공과 성장을 추구하느냐 않느냐는 나이의 문제가 아니다. 피터 드러커는 인생의 전성기를 70부터 90까지였다고 말했다. 당신의 전성기는 아직 오지 않았다. 성장과 성공이 없으면, 미래도 없다. 성장과 성공을 책임져 줄 강력한 삶의 무기가 필요하다.

성장이 결여된 성공도 위험하고, 성공이 없는 성장도 현대사회를 살아내기 어렵다. 두 가지 모두 필요하다. 이 시대가 그것을 원하기 때문이다. 끊임없이 성장과 성공을 추구할 수 있는 삶의 무기가 있는가? 책쓰기만큼 좋은 것도 없다. 여행이나 이사하는 것도 일회성이다. 친구를 사귀는 것도 한계가 있다. 취미 생활도 돈과 시간이 있어야 하고, 처음에는 신이 나지만, 금세 열기가 식는다. 하지만 책쓰기는 다르다.

결론은 이것이다. 하루 48분 책쓰기는 당신에게 유익함을 제공한다. 어떤 유익함인가? 하루 48분 책쓰기는 당신에게 건강, 수명연장, 성장, 변화, 성공, 인정, 보람이라는 일곱 가지 선물을 준다.

변화는 곧 지속 성장의 다른 말이라는 사실을 잘 말해주는 학자가 있다. 바로 [빙산이 녹고 있다고?(원제: Our Iceberg is Melting)]의 저자인 존 코터(John Kotter) 교수이다. 변화관리 분야의 최고 권위자인 그는 변화관리 8단계 프로세스를 말한다. 펭귄이 나오는 우화 형식으로 어려운 경영학 이론을 설명한다.

이 책의 핵심 내용은 펭귄 부족들의 삶의 터전이 되어준 빙산이 녹고 있다는 사실을 겨우 깨닫고 '변화관리 8단계 프로세스'를 토대로 하여 펭귄들은 변화를 시작하여 결국 과거에 절대적으로 의존했던 빙산을 버리고 새로운 성장과 생존을 보장해 줄 수 있는 새로운 빙산으로 이동함으로써 변화에 성공한다는 내용이다.

그는 이러한 변화 역시 훌륭한 명분이나 뜨거운 열정만으로는 이루어지지 않는다는 사실에 대해 조언을 해 준다. 변화는 삶의 터전인 빙산이 녹는 것처럼 필연적으로 저항과 고통을 수반해 내며, 큰 대가를 요구한다. 그러므로 변화에도 관리가 필요하고, 기술이 필요하다. 그렇다. 모든 일에는 기술이 필요하다.

인생의 기적은 저절로 오지 않는다. 아무 행동도 하지 않는다면, 그 어떤 일도 일어나지 않는다. 나비 효과도 역시 나비의 작은 날갯짓이 필요하다. 하물며 인생을 바꾸기 위해서는 그 이상의 것이 필요하다. 10년은 너무 길다. 10년의 직장생활도, 인생을 바꾸지 못했다. 만 권은 너무 많다. 도서관 1000일 생활을 통한 만권 독서도 내 인생을 바꾸지 못했다. 내 인생을 극적으로 바꾼 것은 48분 기적의 책쓰기였다. 하루 48분, 1년이면, 한 권의 책을 출간할 수 있다.

"이 세상의 그 어떤 위대한 것도 위대한 사람이 없이는 이루어질 수 없고, 사람은 스스로 위대해지기로 작정했을 때만 위대해진다.“

그렇다. 우리는 샤를 드골의 이 말을 기억해야 한다. 이제 당신 차례다. 당신도 위대해질 수 있다. 다만 당신이 스스로 위대해지기로 작정했을 때만 가능하다. 가장 큰 문제는, 가장 큰 걸림돌은 바로 당신 자신이다. 너무 힘들고 어려울 것 같다면, 아무 생각도 하지 말고, 그저 하루 48분 책상에 앉아 있기만 해도 된다. 그것이 작은 날갯짓이 될 수도 있기 때문이다. 필자는 매일 아침 눈만 뜨면, 무조건 도서관에 출근하는 것이 작은 날갯짓이 되었다. 도서관에 아침 일찍 가면, 책을 읽게 되고, 책을 읽다 보면 자연스럽게 책을 쓰고 있는 자신을 발견하게 된다. 그러므로 거창하게 생각하지 말고, 처음에는 책상에 앉는 것부터 시작하면 된다.

제1부 48분 책쓰기로 삶에 혁명을 일으켜라

제 2 부

만권 독서보다
더 나은
48분 책쓰기의 기적

제 3 장

48분 책쓰기라면,
당신도 가능하다

"인생을 바꾸는 것은 읽기뿐만 아니라 쓰기도 마찬가지다. 오히려 책쓰기는 읽기보다 열
배 더 강하다. 그러므로 책 읽기가 나를 성장시켰다면, 책쓰기는 내 인생을 송두리째 바꾸
었다고 자신 있게 말할 수 있다." 〈[김병완의 책쓰기 혁명] 중에서〉

48분 책쓰기라면
당신도 가능한 이유?

　제3.우리나라에서 책을 가장 많이 집필한 사람은 누구일까? 독서법 특강이나 책쓰기 특강을 할 때 항상 청중들에게 던지는 질문이다. 자 독자들이 대답해보라. 책을 좋아하는 독자들이라면 그리고 책쓰기에 관심이 있는 당신이라면 충분히 대답할 수 있을 것이다.

　정답은 조선 후기의 실학자이자 저술가인 혜강 최한기 선생이다. 그는 평생을 중국에서 발행한 책들을 수입하여 이를 바탕으로 연구하고 글을 쓰는 데 바쳤다. 그가 쓴 책은 무려 천여 권이 넘는다. 필자보다 열 배 이상 많은 집필량이다. 그는 돈벌이에는 연연하지 않고 책을 사들이고, 읽는 데에 몰두하였다. 그래서 밤새 책을 읽는 것이 일상다반사였다. 그에게 독서와 책쓰기는 인생의 전부였다. 그는 벼슬길도 마다했다. 영의정 자리도 거부하고 자신의 온 재산을 도서

구매에 다 쏟아붓고 책을 읽고 쓰는 데 평생을 바쳤다. 이만큼 책쓰기는 중독성이 강하다. 그리고 평생 해도 싫증 나거나 지루하지 않은 취미 생활이다.

두 번째로 많은 양의 책을 집필한 사람은 누굴까? 필자가 특강 시간에 항상 얘기하는 사람이 있다. 바로 다산 정약용 선생이다. 다산 정약용 선생은 유배 기간인 18년 동안 500여 권의 책을 폭발적으로 집필했다. 한 마디로 그는 폭풍 집필의 대가다. 필자와 비슷한 면이 바로 이런 점이다. 필자도 폭풍 집필은 한강 이남에서 다섯 손가락 안에 든다. 첫 번째 혹은 두 번째라면 너무 건방을 떠는 것인지도 모른다.

혜강 최한기 선생과 다산 정약용 선생은 몰입의 대가들이다. 몰입할 경우 가장 큰 특징은 자신의 형편과 현실을 초월할 힘이 나온다는 것이다. 탁월함을 끌어내는 비결은 바로 이것이다. 몰입은 당신의 탁월함을 불러온다. 심지어 자신의 무능까지도 뛰어넘는 것이 바로 몰입이다. 백수, 무직자라는 현실을 뛰어넘어 책쓰기를 매일 할 수 있었던 힘은 재능이나 실력이 아니라 몰입이었다. 몰입은 나를 뛰어넘게 해 주었다. 몰입은 자기 자신을 뛰어넘을 수 있게 해 준다. 몰입은 눈부신 성과를 창출할 수 있게 해 주고, 급기야는 자신을 개조시킨다.

몰입은 그저 열심히 하는 것과 차원이 다르다. 월급이나 명예나 성공이나 인정을 위해서 열심히 하는 것과 그 무엇인가와 하나가 되는 몰입은 다르다. 몰입하게 되면 얻게 되는 가장 중요한 것 중의 하나는 그 자체가 주는 희열과 재미다. 월급이나 명예나 성공을 얻지 못

해도, 몰입은 그 자체로 행복하고 소중한 가치가 있는 이유다. 무엇인가가 그 자체로 재미있고, 희열을 느끼게 해 준다면, 그것보다 더 좋은 것은 없다. 지속할 수 있게 해 주기 때문이다. 모든 분야의 대가나 달인은 꾸준함이 만들었다고 해도 과언이 아니다.

많은 사람이 비범한 성과를 내지 못하는 이유는 진정한 몰입을 느끼지 못하기 때문이다. 천재들은 몰입의 대가이기도 하다. 몰입 전문가가 곧 천재로 도약한다. 몰입하는 사람은 곧 성공하는 사람이다. 몰입할 수 있는 사람과 열심히만 하는 사람의 차이를 가르는 것 중의 하나가 목적성이다. 어떤 행위 자체가 목적이냐 아니면 수단이냐가 중요한 차이를 만든다.

성공한 사람들의 가장 큰 비결은 몰입이다. 몰입은 다른 말로 그것에 완전하게 미쳤다는 것이다. 그것과 하나가 된다는 말이다. 시간과 공간을 초월해서, 새로운 세상의 문을 연다는 말이다. 탁월함은 이럴 때 탄생한다. 재능이나 실력은 그다음이다. 중요한 것은 몰입이다. 위대한 사람들은 모두 몰입을 통해 탁월함을 끌어냈다.

그렇다면 평범한 사람들은 어떻게 몰입을 경험할 수 있을까? 가장 좋은 방법은 48분 책쓰기다. 일반적인 책쓰기를 통해 몰입을 느끼는 사람도 있지만, 일반인은 힘들다. 하지만 48분 책쓰기는 좀 더 쉽게 당신을 몰입에 빠지게 만들어 준다. 48분 책쓰기는 심지어 당신을 몰입의 대가로 만들어 줄지도 모른다. 몰입하기 위해서는 그 자체와 하나가 되어야 한다.

일반적인 책쓰기는 몰입을 방해한다. 그 이유는 미완결 과제이기 때문에 뇌에 긴장을 조성하고 스트레스를 유발하기 때문이다. 미완결 과제는 심지어 죄책감과 수치심, 스트레스와 압박감을 당신에게 제공한다. 이런 것들은 당신을 비참하게 만들고, 스스로 실망감을 추가한다. 결국, 이런 모든 상황이 당신을 포기하게 만들고, 몰입하지 못하게 한다. 하지만 48분 책쓰기는 전혀 다르다. 48분 책쓰기는 점진적 과제이기 때문에, 매일 완결할 수 있는 과제이다. 완결된 과제는 당신에게 해방감을 주고, 무엇보다 성취감을 준다. 나도 할 수 있다는 자신감과 목표 달성에 따른 희열과 보상 체계를 가동해 준다. 보상 체계의 백미인 엔도르핀이 분비되면, 당신은 중독성을 느끼고, 몰입하게 되고, 내일 또 하고 싶어진다. 매일 하고 싶어진다. 결국, 자신도 모르게 몰입하게 되는 것이다.

몰입을 방해하는 가장 큰 걸림돌은 부정적인 생각이다. 집중하지 못하게 하고, 몰입을 방해하는 것 중에 부정적인 생각보다 더 강력한 것도 없다. 낙천가 중에 천재가 많은 이유도 바로 이것이다. 천재들은 대부분 매우 희망적이고 긍정적이다. 몰입하지 못하는 사람들의 공통점은 공교롭게도 실패에 대한 두려움이 크다. 그들은 목표 달성에 대한 확신이 없다. 그들의 생각은 대부분 부정적이다. '나는 할 수 없을 것이다' 라는 절망적인 생각을 품고 있다. 일반적인 책쓰기를 하는 사람은 이런 부정적인 생각이 더 강해지고, 실패에 대한 두려움이 증폭된다.

그 어떤 실력 있는 문장가라도 한 권의 책을 일필휘지로 일주일 만에 단숨에 쓰지는 못한다. 하물며 일반인은 어떨까? 그래서 48분 책쓰기가 필요하다. 48분 책쓰기는 나도 할 수 있다는 긍정적인 생각과 성취감과 자신감을 증폭시켜 준다. 당신의 에너지를 살아나게 해 주고, 몰입하게 해 준다. 48분 책쓰기는 당신을 능동적인 행동가로 만들어 준다.

일반적인 책쓰기는 할 수 없는 힘든 일에 초점을 맞추게 하지만, 48분 책쓰기는 충분히 해 낼 수 있는 일에 초점을 맞추게 한다. 이것은 실로 엄청난 차이를 만든다. 일반적인 책쓰기는 당신이 가능하지 않지만, 48분 책쓰기라면 당신도 가능한 이유가 바로 이것이다.

'당신도 작가가 될 수 있다.'라고 말하면 그것은 틀린 말이다. 작가가 되지 못 하는 사람이 더 많기 때문이다. 하지만 '48분 책쓰기라면, 당신도 가능하다'라는 말이 더 맞는 말에 가깝다. 물론 100%는 아니다. 세상에 100%는 없다. 하지만 성공확률이 훨씬 더 높아지는 것은 사실이다. 세상에는 더 쉽게 더 효과적으로 무엇인가를 하는 비법이란 것이 존재한다. 그것이 바로 48분 책쓰기다. 48분 책쓰기는 당신의 잠재력을 100% 끌어올리는 마인드셋과 방법을 동시에 형성해 주기 때문이다.

필자는 당신이 어떤 사람인지 구체적으로 정확히 알지 못한다. 독자 중에는 이미 성공을 이룬 사람도 있고, 훌륭하고 똑똑한 사람도 있다. 하지만 이 책에서 이야기하는 독자는 늘 실패만 해 왔던 사람, 무기력한 사람, 부정적인 사람, 직장에 매여 현대판 노예의 삶을 사는 사람, 필자처럼 염소의 삶을 묵묵히 살아가고 있는 사람이거나 심지어 백수나 무직자를 이야기한다. 필자도 5년 동안 백수, 무직자였다.

필자는 대한민국 평균 수준이거나 그 이하의 사람이었다.

필자도 늘 부정적이고 소극적이고 무기력한 생각에 자신을 가두어 놓고 그 감옥 안에서 벗어나지 못하는 사람이었다. 이런 사람도 작가가 될 수 있을까? 하루 48분이 아니라 하루 24시간을 다 투자해도 불가능한 것은 아닐까? 당신은 어떻게 생각하는가? 필자를 보면 이 질문의 대답은 명확하다. 평범한 직장인에서 백수, 무직자까지 되었던 중년 남자가 돈도 없이, 빽도 없이, 기술도 없이 어떻게 작가가 될 수 있었을까?

바로 48분 책쓰기였다. 작가는 누구나 할 수 있는 직업이지만, 아무나 될 수 없다. 책 쓰는 내공과 기술이 필요하기 때문이다. 그래서 일반인에게 '책을 한 권 쓰세요'라고 하면, 아무도 선뜻 응하지 않는다. 할 수 없기 때문이다. 하는 방법도 모르고, 내공도 없기 때문이다. 하지만 '하루에 열 개의 문장을 48분 안에 작성해 보세요. 그리고 그것을 매일 해보세요.'라고 말하면, 선뜻 응하는 사람이 적지 않을 것이다. 만만하기 때문이다.

식당이나, 편의점에서 아르바이트하고자 해도, 계산하는 방법과 주문받는 방법, 접대하는 방법, 고객 응대 방법 등과 같은 기본적인 기술(?)을 배워야 한다. 필자에게 카페를 운영하라고 하면, 두 손 두 발 다 들고 거부하거나 도망칠 것이다. 필자에게는 이런 것들이 너무 어렵다. 주식 공부하는 것도 마찬가지다. 누구나 다 배운다는 골프도 필자는 배우지 못했다. 하지만 골프나 편의점 아르바이트, 주식을 배우기도 전에 기술이 어려워서 포기하는 사람은 없다. 만만하게 생각하기 때문이다. 책쓰기도 이런 것이 필요하다.

사실 책쓰기도 다르지 않다. 아주 기본적인 것을 배우기만 하면 누구나 작가가 될 수 있다. 책쓰기도 하나의 기술이기 때문이다. 그런데 책쓰기 기술은 그렇게 힘들고 어려운 것이 아니지만, 많은 사람이 대단히 힘들고 어려운 것으로 생각한다. 그렇게 생각하는 이유가 한 권 분량의 본문을 쓰는 것이 힘들기 때문이다. 하루 48분 책쓰기는 당신에게 원고지 열 장을 충분히 쓰고도 남을 내공과 기술을 만들어 줄 것이다. 딱 3개월만 48분 책쓰기를 해보라. 자신감이 생기고 책쓰기 근육이 생긴다. 무엇보다 매일 자동으로 하게 해 주는 책쓰기 습관이 형성된다. 이것보다 더 강력한 것도 없다.

의사가 되기 위해서는 이것보다 훨씬 더 어려운 공부를 해야 하고, 수술하는 방법과 기술을 익혀야 하고, 인턴 기간을 성공적으로 수료해야 하고, 어려운 시험에도 합격해야 한다. 이런 것에 비하면 책쓰기는 시험도, 인턴 기간도, 수술도 없다. 의사가 되는 것에 비하면, 책쓰기는 상대적으로 매우 간편하다. 책쓰기 기술은 누구나 습득할 수 있다. 하지만 지금 당장 책을 한 권 쓰라고 하면 일반인은 아무도 할 수 없다. 하지만 하루에 48분만 투자해서, 열 개의 문장을 써 보라고 하면, 많은 이들이 할 수 있을 것이다. 하루 48분 책쓰기는 하루 열 개의 문장부터 시작한다. 하루에 열 개의 문장을 썼다면, 당신은 해낸 것이다. 이것을 반복하면 된다. 언제까지? 먼저는 딱 3개월 동안이다. 3개월 해보면 느낌이 온다. '나도 할 수 있다'는 자신감도 생긴다.

작가는 누구나 될 수 있지만, 아무나 되지 못한다. 그 이유는 실천,

행동이 뒷받침되지 않기 때문이다. 왜 책쓰기는 그렇게도 실천이나 행동이 힘든 것일까? 일반적인 책쓰기가 우리에게 주는 무게 때문이다. 왕관을 차지하려는 자는 그 무게를 이겨내야 한다. 책쓰기도 이와 다르지 않다. 다만 책쓰기의 무게를 이겨내기는 쉽지 않다. 특히 일반인은 더 그렇다. 책쓰기를 시작하기도 전에 '나는 할 수 없다'라는 생각이 강력하게 든다. 하지만 '할 수 없다'라는 생각을 한번 이겨내면, 그다음부터는 모든 것이 쉽고 단순해진다. 하지만 한번 이겨내는 것이 가장 힘든 일이다. 48분 책쓰기는 이것을 하게 해 준다. 하루에 열 문장을 쓰는 것을 통해 안 된다는 생각을 이겨내게 만들어 준다. 부정적인 마인드를 사라지게 해 주고, 성취감과 희열을 맛보게 해 준다. 작은 승리자가 되게 해 준다. 작은 승리는 결국 책 출간이라는 큰 승리의 시작점이 된다.

　작가가 되게 해 주는 것은 실력이나 재능이 아니라, 실천이고 행동이다. 그래서 하루 48분 책쓰기는 당신을 행동하고 실천하게 해 주기 때문에 가능하지만, 일반적인 기존의 책쓰기는 불가능하다. 일반적인 책쓰기는 실천과 거리가 멀기 때문이다. 그런데 48분 책쓰기는 실천하게 해 준다. 이것은 큰 차이를 만든다. 실천 가능한 작은 목표와 작은 성취감은 당신에게 엄청난 것들을 선사해준다. 이런 점에서 48분 책쓰기는 누구나 가능하다. 일반적인 기존의 책쓰기는 지금 당장 누구나 가능하지 않지만, 48분 책쓰기는 다르다. 하루에 열 개의 문장을 48분 안에 작성하는 목표는 당신에게 게임과 같은 재미를 선사하고, 실시간 피드백이 가능하다. 누구나 자신의 수준에 맞게 실천하면 된다. 매일 실천할 수 있게 중독성과 몰입을 선사한다.

명심하자. 능력이나 재주보다 행동이 차이를 만든다. 작가는 매일 글을 쓰는 사람이다. 당신이 작가가 되지 못한 단 한 가지 이유는 매일 앉아서 글을 쓰는 행동을 하지 않았기 때문이다. 최소한 한 권의 책을 출간하기 위해서는 글을 매일, 자주, 많이 쓸 필요가 있다. 하루 48분 책쓰기는 이것을 가능하게 해 준다. 일반적인 기존의 책쓰기는 도전하는 것부터 부담이 크다. 실력이나 기술이나 내공이 없는 사람은 심리적 진입 장벽이 매우 높다. 하지만 48분 책쓰기는 심리적 장벽이 낮다. 하루 열 문장을 쓰는 것부터 시작하면 된다. 몇 개월 동안 이것만 매일 하면 된다. 48분 책쓰기를 3개월 이상하면, 달라진 자신을 느끼게 된다. 그렇게 되면 하루 열 문장은 식은 죽 먹기처럼 된다. 그때부터 하루 20개의 문장 쓰기로 목표를 상향하면 된다. 6개월이면 원고지 열 장을 식은 죽 먹기처럼 쓸 수 있게 된다. 1년이면 책 한 권을 쓸 수 있다. 하루 열 문장을 절대 무시하지 마라.

책쓰기는 위대한 행위다. 하지만 위대한 능력이나 재주가 필요한 것은 아니다. 작가에게 필요한 책쓰기 기술은 연습과 훈련을 통해 누구나 쉽게 습득할 수 있다. 특별히 어렵거나 습득하기 힘든 그런 기술이 아니다. 습득만 하면 글쓰기만큼 즐거운 것도 이 세상에 없다. 어느 수준에 오르면, 그다음부터는 등산을 즐기듯, 책쓰기를 즐기면서, 글을 쓰는 즐거움을 누리면서 생계를 유지할 수 있는 멋진 직업이다.

가장 좋은 연습과 훈련이 48분 책쓰다. 하루 열 문장이라고 절대 무시하지 마라. 이것을 몇 개월 동안 꾸준히 하면, 내공이 쌓이고, 책쓰기 근육과 습관이 형성된다. 좋은 습관의 위력은 두말하면 잔소리다. 습관보다 더 강력한 것도 없다. 매일 책을 쓰는 습관은 이 세상 그 어떤 것보다 더 값진 습관이다.

직장생활보다
책쓰기가 한 수 위다

많은 사람이 책을 읽는다. 독서가 좋다는 것, 중요하다는 것, 필요하다는 것은 누구나 잘 알고 있다. 많은 이들이 독서를 실천한다. 하지만 책쓰기를 실천하고 매일 하는 사람은 많지 않다. 더 큰 문제는 책쓰기가 누구에게나 필요한 것이고 중요하다는 사실을 알고 있는 사람, 깨닫고 있는 사람이 많지 않다는 점이다. 그 결과 많은 이들이 책을 쓰지 않고 있다. 더 큰 문제는 책을 써야 한다고 생각하지 않기 때문에, 쓰려고 하지 않는다는 점이다.

이러한 생각과 행동이 족쇄가 되고, 부메랑이 되어, 그들의 인생을 제한한다. 성장의 한계와 사회적, 경제적 성공의 제약이 되어 그들에게 되돌아온다.

또 누군가는 책을 읽는 것마저도 등한시 여긴다. 물론 바쁜 일정을 소화하고 먹고 살아야 하기 때문이다. 하지만 그것은 핑계다. 세상에서 제일 나쁜 핑계는 시간이 없어서 못 한다는 것이다. 뜻이 있는 곳에 길이 있다. 책쓰기의 중요성을 아는 사람은 핑계 댈 시간에 실천한다. 그 중요성을 안다면 미팅이나 업무나 일정을 연기해서라도, 밥을 먹는 시간을 줄여서라도, 어떻게든 시간을 만들 것이다.

아무리 바빠도 책쓰기를 등한시하지 말라. 밥은 굶어도 책은 굶지마라. 책을 쓴다는 것은 최고의 성공이며, 공부다. 책쓰기는 대학교보다 더 큰 성장과 성공을 선사한다. 그것도 아주 극적인, 성장과 성공이다. 사람이 살면서 공부와 성장은 평생 해야 한다. 책쓰기를 시작해야 하는 이유다.

내 인생을 바꾼 것은 직장생활이 아니었다. 직장생활은 10년을 해도 인생이 바뀌지 않았다. 하지만 책쓰기는 1년 만에 가능했다. 책쓰기 1년은 새로운 인생을 선사했다. 인생이 너무나 달라진다. 처음에는 낯설 정도로 말이다. 직장생활보다 책쓰기가 한 수 위다.

직장생활과 책쓰기의 가장 큰 차이는 무엇일까? 왜 이렇게 큰 격차가 생기는 것일까? 직장생활은 누군가의 지시에 따라 시간과 노동을 제공하면 된다. 많은 직장생활이 노동력을 필요로 한다. 머리를 사용하는 것보다 몸을 사용하는 것이다. 즉 직장이 필요로 하는 것은 머리보다 당신의 노동이고, 노동력이다.

하지만 책쓰기는 전혀 다르다. 책쓰기는 몸이 아니라 머리를 사용한다. 새로운 주제를 발견하고, 그 주제에 대한 해답과 원리와 응용방법과 적용법 등을 스스로 찾아내야 한다. 자기만의 방법, 원리, 응용법, 해답, 솔루션, 해결책, 아이디어, 주장을 만들어야 한다. 즉 무에서 유를 창조하는 일이다. 즉 머리를 사용하는 일이다.

군주론과 제왕학의 고전인 한비자에 보면, 이류와 일류에 대한 조언이 나온다. '삼류 인생은 자신의 능력을 사용하고, 이류 인생은 타인의 힘을 사용하고, 일류 인생은 남의 지혜를 활용한다.' 직장생활을 한다는 것은 자신의 능력을 사용하는 것과 같다. 책을 쓴다는 것은 타인의 지혜와 세상의 지혜를 활용하는 것과 같다. 그래서 책쓰기가 강력한 무기인 것이다.

직장에 출근해서 온종일 열심히 부품을 만들고, 디자인하고, 전화를 받고, 상담하고, 회의하고, 휴대폰을 개발하고, 업무 협의를 하고, 비즈니스를 하는 것은 자신의 시간과 에너지를 회사에 제공하는 것이다. 자신의 능력을 사용하는 것이다. 책을 쓴다는 것은 타인의 지혜와 힘을 사용하는 것이다. 그래서 회사 일을 할수록 회사가 성장하고, 당신은 월급이라는 보상을 받는다. 결국, 성장하는 것은 당신이 아니라 회사다. 당신은 경력자가 될 뿐, 그 이상도 그 이하도 아니다. 경력자는 차고 넘친다. 그래서 경쟁력이 없어지고, 갈수록 퇴사할 날이 가까워진다. 하지만 책쓰기는 다르다. 책을 쓸수록 당신이 성장한다. 책을 쓸수록 당신의 가치는 높아지고, 당신은 유명해지고, 더 많은 돈을 벌 수 있다. 책을 쓸수록 당신 자체가 브랜드가 되기 때문이다. 책을 쓸수록 당신이 성장하고, 성공한다.

직장생활을 10년 했다면, 10년 동안 당신은 열심히 자신의 시간과 에너지를 투자해서 회사를 성장시키고 성공시킨 것이다. 사실 당

신의 시간과 에너지는 월급 이상의 가치가 있다. 책쓰기는 그 가치를
제대로 받게 해 준다. 이것이 책쓰기의 유익함이다.

글을 쓰는 인간 :
호모 스크립투스

　지금 이 시대만큼 평범한 사람이 글을 자주 매일 많이 쓰는 시대는 일찍이 없었다. 테드(TED) 강연 시에 발표했던 주제가 '누구나 글을 쓰는 시대, 새로운 미래, 새로운 인류가 몰려온다.'였다.

　이 강연을 통해서 필자는 세계 최초로 새로운 신인류를 정의한 바 있다. 그것은 한 마디로 '호모 스크립투스(Homo Scriptus)'이다. "호모 스크립투스(Homo Scriptus)'란 말은 '글을 쓰는 인간'이라는 라틴어 말의 조합으로 필자가 처음으로 만든 말이다. 그러므로 필자의 책을 제외하고는 아직 이 단어를 사용한 그 어떤 사람도 없다. 이런 단어와 이런 개념에 대해 말한 최초의 작가는 필자다. 필자가 새롭게 만든 개념이고 단어이기 때문이다.

　그렇다. 지금 우리가 사는 이 세상은 '호모 스크립투스(Homo

Scriptus)'의 시대다. 누구나 작가가 될 수 있는 시대라는 말이 아니다. 이미 우리는 모두 매일 글을 쓰고 있는 신인류라는 의미다. 그렇다. 다시 말하지만, 이미 우리는 매일 글을 쓰고 있다.

우리는 매일 글을 쓰는 신인류다. 트위터와 페이스북을 통해서 평범한 사람들이 매일 글을 쓴다. 매일 밥을 먹듯, 글을 쓴다. 인류 역사상 지금처럼 평범한 사람이 열심히, 자주, 그리고 거의 매일 글을 썼던 시대는 없었다. 과거에도 일기를 쓰는 사람들은 소수지만 존재했다. 하지만 지금처럼 매일 많은 사람이 일상으로 오전에도 쓰고, 오후에도 쓰고, 잠자기 전에도 쓰고, 잠깐 쉬는 시간에도 쓰고, 일하면서도 쓰고, 피서지에 가서도 쓰는 시대는 처음이다. 이런 시대는 일찍이 본 적이 없다. 인류 역사상 이런 시대는 단 한 번도 존재하지 않았다.

과거 중세 시대는 물론이고, 심지어 가까운 과거인 50년 전의 사람들에게 당신은 작가가 될 수 있다고 말을 한다면 그것은 새빨간 거짓말에 가까울 것이다. 하지만 지금처럼 블로그나 페이스북이나 트위터, 인스타그램에 자신이 직접 글을 쓰고 또 쓰는 신인류에게 '당신은 작가가 될 수 있습니다.'라고 말을 하는 것은 절대 거짓말이 아니다. 일상에서 그들이 해 온 것을 다만 종이책으로 전환만 시키면 되기 때문이다. 물론 약간의 기술과 노하우는 필요하다. 하지만 과거보다 책쓰기가 훨씬 더 간단해졌고, 쉬워졌다. 그 이유는 우리가 매일 글을 쓰는 호모 스크립투스, 신인류이기 때문이다. 우리는 책쓰기와 매우 가까운 신인류 호모 스크립투스다.

이미 책 한 권 분량의 글을 트위터나 블로그나 페이스북에 남긴 사람들이 적지 않다. 자신도 모르게 작가가 되는 책쓰기 수업을 이 시대 평범한 사람들은 하고 있다. 본인들은 상상도 하지 못한 일이지만, 작가 수업이고 책쓰기 수업이다. TED 강연을 통해 새로운 용어인 '라이더(Wrider)'에 대해서도 언급을 했다. 이 말도 필자가 최초로 만든 말이다.

위대한 미래학자 앨빈 토플러는 오래전에 [제3의 물결]이라는 책을 통해 생산자와 소비자의 경계가 무너지고, 프로페셔널과 소비자의 경계가 무너지는 현상에 대해 예견한 적이 있다. 그가 자신의 책을 통해 만든 새로운 용어인 프로슈머(prosumer)가 바로 그러한 현상을 잘 대변해 주는 말이다. 프로슈머는 생산자이면서 동시에 소비자를 말한다. 그렇다면 독자이면서 작가인 사람은 존재하지 않을까?

존재한다. 사실 많다. 21세기가 되어 독자와 작가의 경계가 무너지고 있다. 이런 추세는 앞으로 더욱더 심해질 것이다. 그래서 작가(writer)와 독자(reader)의 합성어를 최초로 만들었다. 그것이 바로 '라이더(wrider)'라는 신조어이다. 책을 읽는 독자이면서 동시에 책을 쓰는 작가인 사람을 의미한다. 필자도 라이더다. 독자이면서 저자이기 때문이다.

이러한 '호모 스크립투스' '라이더'라는 신조어는 필자가 최초로 만든 말이고, TED 강연을 통해 세상에 처음으로 알렸다. 필자의 책을 통해서도 여러 번 이야기했다. 결론은 이것이다. 이제는 누구나 글을 쓰는 시대, 호모 스크립투스의 시대다. 이 말은 당신도 이미 작가가 될 수 있고, 작가라는 말이다. 가까운 과거인 50년 전이나 먼 과거인 조선 시대나 중세 시대였다면 이런 말을 절대 할 수 없다. 그 당시에는 일반인이 작가가 되는 것은 불가능에 가까운 일이기 때문이다. 하지만 지금 이 시대의 사람들, 바로 이 책을 읽는 당신에게는 충분히 현실적이고 가능한 일이다. 그래서 확실하게 분명하게 말할 수 있다. 이미 당신은 작가가 될 충분한 경험과 능력, 기술과 의식을 갖추고 있는 신인류라고 말이다. 당신은 이미 매일 글을 쓰는 신인류, '호모 스크립투스'이다. 당신은 알게 모르게 '매일 글을 쓰는 신인류'이다.

제2부 만권 독서보다 더 나은 48분 책쓰기의 기적

제 4 장

48분 책쓰기가
가져다 준 작은 기적들

"세상과 자신을 매개하는 책을 어떻게 쓸 것인가? 사람과 사회를 통찰하는 책쓰기에 대한
무한한 가치를 어떻게 조명할 것인가? 인생을 송두리째 바꾸어버리는 막강한 마법을 가진
책쓰기에 관한 무한의 탐구를 어떻게 펼칠 것인가?"_ 김병완

삼성맨보다
48분 책쓰기가 더 낫다

    나는 소위 삼성맨이었다. 대학교를 졸업하기도 전에 3학년 때 입사가 확정되었고, 졸업하자마자 삼성종합기술원에서 글로벌 휴대폰 GSM을 연구했다. 한 마디로 삼성전자 휴대폰연구원이었다. 전자공학과 출신이었고, 시쳇말로 '공돌이'였다. 이때까지 내가 세상에서 가장 잘하는 것, 내가 할 수 있는 것, 나의 밥벌이, 나의 직업은 휴대폰 연구 개발이었다. 휴대폰의 회로도를 그리고, 테스트하고, 휴대폰의 성능과 기능을 개선해 휴대폰을 출시하는 것이다.

    신종균 부회장을 포함해 우리 팀은 전 세계를 누비며 삼성의 GSM 휴대전화기를 개발했다. 유능한 팀장과 팀원들 덕분에 우리 팀은 국제 경쟁력을 갖춘 모델명 SGH-600 이라는 글로벌 GSM 휴대폰을 대한민국 최초로 개발하는 것에 성공했다. 이 휴대폰 덕분에 삼성 휴대폰은 운명이 바뀌었다. 결국 지금의 휴대폰 1위 세계적 기업 삼성이 될 수 있는 토대가 되었다.

삼성이라는 회사를 세계적 기업으로 도약시키는 일조를 한 것이 사실이다. 하지만 내가 한 것이 아니라 우리 팀이 한 것이다. 필자보다 더 유능한 인재들이 많았다. 사실이다. 필자가 참여했던 GSM 팀에는 더 그렇다. 칼이 칼을 날카롭게 하듯, 우리는 선의의 경쟁을 통해 더 유능해졌고, 글로벌 휴대폰연구원으로 거듭났다. 11년 동안 나는 삼성맨이었다. 5년은 삼성종합기술원에서, 나머지 6년은 수원에 있는 정보통신 IT 빌딩에서 휴대폰을 연구하고 개발했다.

그렇게 잘나가던? 삼성맨이 왜 하루아침에 삼성을 헌신짝 버리듯이 버렸을까? 많은 이들이 궁금하게 생각한다. 나도 정말 의아하다. 내가 왜 그랬을까?

미친 짓이었지만, 남들이 하지 않는 일을 해보고 싶었고, 남과 다른 길을 선택하고 싶었는지도 모른다. 퇴사한 이유는 딱 한 가지다. 그냥 가슴이 시키는 일을 하고 싶었다. 가슴 뛰는 인생을 살고 싶었다. 그래서 가슴이 시키는 대로 저질렀다.

우리는 현대판 노예와 다름없는 삶을 살고 있다. 염소의 삶이다. 나는 그런 노예의 삶에 염증이 생겼고, 점점 더 노예가 되어 가는 내 삶이 무엇보다 싫었다. 그래서 그 삶을 주저 없이 버렸다. 사표를 쓰고, 직장에서 탈출한 것이다.

나는 내 삶을 주도적으로 살고 싶었다. 내가 주인이 되고 싶었다. 주체적으로 생각하고, 주도적으로 계획하고, 주인 의식을 가지고 살아보고 싶었다. 그런데 그렇게 아무리 살고 싶어도, 현실은 내 편이 아니었다. 오히려 현실은 나의 앞길을 막고, 그것을 하지 못하게 걸림돌이 되었다. 하지만 나는 결단해야 했다. 더는 노예의 삶을 살 수 없었다.

나의 현실은 싫든 좋든 직장을 다니는 것이었고, 돈을 벌어 가족을 부양하는 것이었다. 헨리 데이비드 소로의 말처럼 세상 사람들이 전부 그렇게 조용한 절망의 삶을 사는 것처럼 나 역시 예외는 아니었다. 정말 쥐 죽은 듯이 세상과 타인이 시키는 대로, 세상이 원하는 대로, 조용히 사는 방법을 침묵하며 선택해 왔던 것이었다. 하지만 나는 이것을 정면으로 거부했다.

직장을 다니는 것을 포기했고, 처자식을 부양해야 한다는 무거운 의무에서 잠시 도망쳤다. 절망이 아닌 희망의 삶을 살고 싶었다. 돌파구를 찾았고, 그것이 바로 책쓰기였다. 책쓰기는 벽이 아닌 새로운 출구였다. 새로운 돌파구가 되어주었다. 그것도 아주 확실하게 말이다.

책쓰기는 내 인생에 작은 기적을 가져다주었다. 인생을 업그레이드시켜 주었다. 당신은 어떤가? 당신을 업그레이드시켜 주는 것은 무엇인가? 10년 전과 다를 바 없는 삶을 살고 있는가? 업그레이드가 조금이라도 되었는가? 아니면 나이만 먹고 늙어가고 있는가?

조금이라도 업그레이드 인간이 되고 싶다면, 새로운 무엇인가에 도전하는 것이 좋다. 가장 좋은 방법은 하루 48분 책쓰기를 하는 것이다. 하루 48분 책쓰기를 하면 인생이 업그레이드된다. 과연 가능하냐고, 그런 삶이 도대체 어디 있느냐? 라고 반문할지도 모른다. 하지만 당신이 알고 있는 성공한 사람들은 모두 책쓰기를 통해 인생을 업그레이드한 사람들이다. 이 사실을 당신만 모르고 있다.

성공한 정치가들, 성공한 기업가들, 성공한 학자들, 성공한 과학자들, 성공한 전문가들, 성공한 사람들은 모두 책쓰기를 통해 자신을 부단히 업그레이드시켰다. 그래서 10년 전과 오늘이 다르다. 그들은 아마도 10년 후는 더 업그레이드되어 있을 것이다.

그들은 자신을 업그레이드시키는 방법을 깨우친 사람들이기 때문이다. 하지만 당신은 어떤가? 책을 쓰는 자가 성공하고 인생을 풍요롭게 업그레이드시킬 수 있다. 책 읽기가 나를 성장시켰다면, 책 쓰기는 내 인생을 업그레이드시켜 주었다. 이제 당신에게는 독서보다 더 강력한 무기가 필요하다. 당신은 강력한 무기가 있는가? 업그레이드는 선택이 아니라 필수다. 100세 시대다. 하나의 직장, 하나의 경력, 하나의 직업만으로는 턱없이 부족하다. 생존 무기가 절실하다. 눈부신 인생을 위해서 필요하다.

책 쓰기는 누군가의 전유물이 아니다. 똑똑한 사람, 전문가, 성공한 사람, 지식인들만의 전유물이 아니다. 이제는 일반인이 책쓰기를 주도해야 하고, 이끌어야 한다. 이제는 일반인의 책쓰기 시대다. 필자도 그렇고, 당신도 그렇다. 이 책은 일반인을 위한 책쓰기 책이다. 명심하라. 책 쓰기는 천하의 공물이다. 하늘 아래 당신이 살고 있다면, 당신도 가능하다. 이 세상 누구라도 가능하다. 누구나 할 수 있다. 하루 48분만 투자하면 된다. 소위 '삼성맨'이었던 시절보다 하루 48분 책쓰기를 하던 시절이 더 인생에 도움이 되었다. 믿을 수 없지만 말이다.

  48분 책쓰기를 하지 않았다면, 필자는 예스24, 교보문고, 알라딘,
영풍문고에서 자기계발 분야에서 베스트셀러 1위를 차지하지 못 했
을 것이다. 이처럼 48분 책쓰기는 강력한 성공 무기이다. 하루 열 문
장을 절대 무시하지 마라. 그리고 반복의 힘은 상상 이상이다.

3년 만권 독서보다
더 믿기 힘든 10년 100권 출간!

중요한 것은 퇴사 후다.

회사를 그만두는 것은 아무나 할 수 있다. 자의로든 타의로든 회사를 그만두는 사람은 차고 넘친다. 중요한 것은 회사를 그만둔 후의 삶이다. 스스로 회사를 그만두는 사람도 많아지고 있다. 미래에 대한 불확실과 더 나은 삶에 대한 기대로 회사를 일찍 그만두고 나오는 사람이 많아졌다. 약간의 배짱과 무모함만 있으면 된다. 하지만 퇴사 이후가 매우 중요하다.

회사를 그만둔 많은 사람이 가장 많이 하는 것은 아이러니하게도 또 다른 더 나은 직장을 구하는 것이거나 그것을 위한 세상 공부를 하는 것이다. 결국 자신의 직업을 바꾸지 않고, 직장만 바꾸는 것에 초점을 둔다. 그리고 나머지 퇴사자는 새로운 분야의 창업이나 전문 자격증을 따기 위한 준비와 공부를 한다. 주위를 봐도, 퇴사자들이 가장 많이 도전하는 분야는 치킨집 혹은 노래방이었다. 너무 많은 사람이 도전하기 때문에 경쟁이 치열하다는 것이 단점이다. 필자의 책쓰기 수업 수강생 중의 한 명인 고명환씨도 치킨집을 해 봤다고 한다. 6개월 동안 하루도 빠지지 않고, 하루에 500마리의 닭을 튀겼지만, 돈은 한 푼도 벌지 못했다고 하는 이야기를 들은 기억이 난다.

퇴사를 준비하거나, 이미 퇴사를 한 분들에게 남들과 다른 길을 선택하는 것이 더 유리하다는 사실을 말하고 싶다. 이전 사람과 다른 길을 선택해야 한다. 필자도 그랬다. 퇴사하고 도서관에 들어가 칩거하다시피 3년 동안 책만 읽었던 사람은 대한민국에 많지 않다. 독특하고 차별화되는 것이 성공 요인 중에 하나라면 하나다. 나는 남들이 하는 것들을 전부 하지 않았다. 직장을 구하지도 않았고, 창업하지도 않았다. 더 나은 미래를 위해 전문 자격증을 따거나, 학위를 받기 위한 세상 공부도 하지 않았다. 내가 한 것은 하나다. 매일 도서관에 출근하는 것이다. 오늘도 도서관에 가고, 내일도 가는 것이다.

'도서관에 매일 출근(?)하여 온종일 책만 보겠다.'

나는 이것을 매일 행동으로 옮겼다. 반복의 힘은 상상 이상이었다. 그것도 3년 1000일을 실천했다. 믿기 힘들겠지만, 만 권의 책을 독파했다. 3년간 만권을 읽었다고 하면, 믿지 못하는 사람이 대부분이다. 당연하다. 보통 사람이 도저히 할 수 없는 독서량이다. 나도 인정한다. 하지만 믿지 않아도 나는 내세울 증거도, 증인도 없다. 그래서 필자는 반박할 수가 없다.

'작가님, 3년 만권 독서 거짓말이죠? 어떻게 하루에 열 권의 책을 읽을 수 있어요?'

많은 오해를 받았다. 하지만 더 믿을 수 없는 일을 저질렀다. 평범했던 두 아이의 아빠이자 백수 무직자였던 일반인이 자기계발 분야 1위 베스트셀러 작가가 되었다. 이것도 증거나 증인이 없었다면, 아무도 믿지 않을 것이다. 하지만 다행히 이것은 증거가 있다. 그리고 또 있다. 더 믿기 힘든 일은 '10년 동안 100권의 책을 출간'하는 일이었다. 사실 책쓰기 수업, 독서법 수업, 외부 강의가 2015년 이후 급증하여, 전업 작가라고 할 수는 없다. 오히려 책쓰기 코치, 독서법 코치, 외부 강사가 필자의 전업이 되었다. 그럼에도 10년 동안 100권을 출간한 일은 필자가 생각해도 대단한 일이었다. 전업 작가였던 2011년부터 2013년에는 3년 동안 50권 이상을 출간했다. 한 달에 한 권 이상을 출간한 셈이다.

3년 동안 만권을 읽는 것과 전업 작가로 3년 동안 50권의 책을 출간하거나, 지금까지 책쓰기 독서법 코치를 하면서 10년 동안 100권의 책을 쓰는 것, 어떤 것이 더 어렵고 하기 힘든 일인가? 일반인이 아니라 작가들도 하기 힘든 일이다. 평생 책을 쓰는 일을 전문적으로

48분 기적의 책쓰기 : 하루 10문장이 1년 후에는 책 한 권이 된다

하는 전업 작가들도 자기계발 분야 1위 베스트셀러를 차지하는 일은 평생 한 번 있을까 말까 한 어려운 일이다. 10년 100권 출간보다 자기계발 1위 베스트셀러 작가가 되는 것이 더 어려운 일이다. 기술만 있다고 해서, 열심히 한다고 해서 가능한 일이 아니기 때문이다. 독자들이 많은 사랑을 해 줘야 가능한 일이다. 1년에 평균 10권의 책을 꾸준히 출간해야 하고, 거의 한 달에 한 권씩 출간해야 하는 10년 100권 출간보다 자기계발 1위 베스트셀러 작가가 되는 것이 열 배 혹은 백 배 더 해내기 힘든 일이다. 올림픽에 출전하는 선수는 많지만, 금메달을 따는 선수는 분야별 단 한 명밖에 없는 것처럼, 힘든 일이고 믿기 힘든 일이다.

"10년 동안 100권 출간했습니다."보다 "자기계발 분야에서 1등 베스트셀러 작가가 되었습니다."가 더 믿기 힘든 일이다.

3년 만권 독서는 이런 것들에 비하면 어려운 일도 아니었다. 더 믿기 힘들고, 해내기 어려운 일들을 줄줄이 해냈지만, 만약에 증거가 없었다면, 또 믿지 않았을 것이다. 10년 100권 출간을 당신은 믿을 수 있는가? 100권 이상 출간한 작가는 몇몇 있다. 누구나 할 수 있다. 하지만 더 믿을 수 없고, 더 하기 힘든 일이 바로 '자기계발 1위 베스트셀러 작가가 되는 일'이다. 종합 5위 베스트셀러 작가, 자기계발 1위 베스트셀러 작가가 되는 것은 올림픽에서 금메달을 따는 것과 같다.

3년 만권 독서는 증거가 없었지만, 10년 100권 출간과 종합 베스트셀러 5위, 자기계발 1위 베스트셀러 작가가 되는 것은 다행히 증거가 고스란히 있다. 바로 출간한 책들이 그 증거가 되어주었다. 그래서 많은 사람이 10배나 하기 힘든 10년 100권 출간의 증거를 보고, 더 힘든 자기계발 1위 베스트셀러 출간 도서를 보고, 3년 만권 독서를 믿어주는 분위기다.

필자로서는 다행이다. 10년 100권 출간을 하지 않았다면, 자기계발 1위를 하지 않았다면, 증거가 없었다면, '또 거짓말을 하시네요.'라고 오해를 충분히 받을만한 일이다. 한 가지는 분명하다. 적당히 도서관 생활을 누리면서, 3년 동안 만권이 아닌, 100권의 책만 읽었다면, 10년 10권 출간도 불가능했을 것이다. 또한, 8년 동안 의사, 변호사, 회계사, 목사, 교수, 대기업 임원, CEO, 신문사 편집국장, 출판사 대표, 편집자, 작가, 학자, 고위 공무원들을 포함해서 500명이 필자에게 책쓰기를 배우기 위해, 심지어 미국 라스베이거스, LA, 플로리다, 뉴욕에 거주자들이 직접 건너와서 책쓰기, 독서법 수업에 참여하지 않았을 것이다.

세상은 정확하다. 세상에는 공짜가 없다. 자신이 성장한 만큼 성공한다. 정확하다. 1000일 독서 내공 덕분에 10년 100권 출간 작가와 자기계발 1위 베스트셀러 작가가 될 수 있었다. 사실 3년 만권 독서보다 10년 100권 출간이 더 하기 힘들고, 10년 100권 출간보다 자기계발 1위 베스트셀러 작가가 더 어려운 일이다. 나는 독종도 아니고, 능력자도 아니다. 나는 평범한 사람이었다. 평범한 애 아빠였고, 백수였고, 무직자였다. 그런데 일반인이 해내기 힘든 일을 할 수 있었던 이유는 48분 책쓰기가 가져다주는 몰입과 중독성, 그로 인한 반복의 힘이었다.

내가 3년간 만 권의 책을 독파하게 된 이유도 비슷하다. 몰입, 중독성, 반복의 힘이었다.

'책을 읽으면 읽을수록 책 읽기의 즐거움에 빠져들었기 때문'이다. 그리고 그러한 즐거움은 일분일초라도 내 손에서 책이 떨어지지 않게 만들었고, 결국 온종일 책에 파묻혀 살게 되었다. 이 말에 대해서 의구심을 가지는 사람들이 많다. 하지만 뇌 과학적으로 이런 현상은 충분히 설명할 수 있다. 몰입(flow)의 대가인 미하이 칙센트미하이 박사는 몰입의 상태를 삼매경에 빠질 정도로 몰두하는 심리적 상태라고 말한다. 그런데 필자는 3년 동안 독서를 하면서 너무나 자주, 빈번하게, 많이, 몰입을 경험했다. 몰입하면서 독서를 많이 한 덕분에 나 자신을 뛰어넘을 수 있었다. 필자는 이것을 '몰입 독서'라고 부른다. 몰입 독서는 중독하게 해 주고, 반복하게 해 준다. 매일 눈만 뜨면 그 행위를 반복하는 것이다.

몰입 독서는 책을 읽을 때 독서 자체가 전부라고 생각하고, 세상 근심도 다 잊고, 시간 가는 것도 모르고, 독서에 오롯이 빠져들면서 독서를 하는 것을 말한다. 이때, 말로 표현할 수 없을 정도로 강렬한 쾌감을 느끼게 되는 데 그것은 뇌에서 쾌감 호르몬이 분비되기 때문이다. 쾌감 신경에서 분비되는 엔도르핀은 우리 몸에 해가 없으면서도 강렬한 쾌감을 느끼게 해 주기 때문에 '몸 안에서 만들어지는 모르핀'이라는 별명도 가지고 있다.

온종일 도서관에서 책만 읽어도 행복할 수 있었던 근거는 바로 뇌과학에 있다. 뇌 속에 쾌감 호르몬이 분비되면, 우리는 흥분 상태, 최고의 상태가 되고, 재미와 희열을 느끼게 된다. 인간은 본능적으로 이런 순간을 계속해서 느끼고 싶어진다. 그래서 하루라도 책을 읽지 않으면 허전하게 되고 참을 수 없게 된다. 몰입 독서를 경험했고, 실제로 몰입독서법으로 필자는 수많은 책을 더 쉽고, 더 빠르게 읽을 수 있었다.

온종일 도서관에 앉아서 책만 읽어도 결코 심심하거나 지루하지 않았다. 오히려 누구보다 더 행복했고, 더 다이내믹한 삶을 살게 되었고, 그러한 몰입 독서에 숙달되자 어느 순간 하루에 열 권 이상의 책이 눈에 들어왔다. 몰입독서법은 가장 고차원적인 뇌의 인지 활동 분야인 전전두엽의 대뇌피질 활동을 증가시켜 준다. 몰입 독서를 통해 독서의 참된 기쁨과 즐거움을 깨닫게 되고, 뇌의 인지 기능이 향상되고, 온몸으로 느끼게 되자, 책 읽기는 내 삶에 유일한 기쁨의 원천이 되었다. 그렇게 되자. 평생 책만 읽고 싶다는 생각마저 들었다. 세상의 것들이 눈에 들어오지 않고, 오직 책만 눈에 들어오게 되었다. 이런 현상은 미하이 칙센트미하이 박사가 집필한 몰입 관련 도서를 보면 흔하게 발견할 수 있다. 몰입을 경험한 사람들은 그 몰입 행동을 반복해서 하는 경향이 강하다.

독서는 다른 몰입 행위보다 더 독특하다. 독서는 아주 특이한 행위이기 때문이다. 독서라는 이 특별한 행위는 몰입을 경험하는 것만으로 끝나는 것이 아니라 우리에게 인지적인 간접 경험을 추가로 무수히 제공해 준다. 몰입 독서의 위력은 이런 점에서 비롯된다.

그래서 나는 날마다 독서를 통해 새로운 세계를 경험하고 확장해 나갈 수 있었다. 다양한 분야의 책 읽기를 통해 나는 점점 더 성장해 나갔다. 그러한 성장의 기쁨, 어제까지는 절대 내 머리로 생각할 수 없었던 사실과 세계를 책을 통해 깨닫고, 심지어 만나게 되는 기쁨은 말로 할 수 없는 크나큰 기쁨이며 특권이었다.

내가 3년 동안 만권의 책을 읽을 수 있었던 비결은 바로 몰입독서법이다. 책 읽기는 크나큰 기쁨이며 특권이다. 나는 그러한 즐거움과 특권을 온전하게 누렸다. 너무너무 기뻐하고 즐거워하면서 말이다. 하지만 독서보다 더 큰 즐거움과 특권이 있다는 사실을 이 당시에는 알지 못했다. 하지만 독서를 하지 않았다면 이 사실을 깨닫지 못했을 것이며, 도전도 하지 못했을 것이기에 독서는 어쩌면 책쓰기의 또 다른 하나의 마중물인지도 모른다.

필자에게 독서의 가장 큰 유익함은 독서 그 자체가 아니다. 책쓰기로 나아갈 수 있게 해 주었다는 점이다. 내 인생을 바꾼 것은 책쓰기였기 때문이다. 인생을 살다 보면, 어쩌면 전환기가 필요하고, 계기나 도구가 필요하다. 그런 전환 도구로 가장 유익하고 효과적인 것이 내게는 책쓰기였다. 도서관 무임승차는 책쓰기라는 멋진 종착역으로 나를 데려다주었다.

도서관 무임승차, 당신도 해보면 어떨까? 도서관은 누구에게나 공평하게 열려 있다. 도서관은 언제나 나를 반갑게 맞이해 주었다. 도서관은 제2의 고향이었다. 도서관은 사람을 차별하지 않았고, 무시하지 않았다. 아낌없이 주는 나무처럼 가진 것도, 내세울 것도, 비빌 언덕도 없었던 필자에게 따뜻한 고향과 같은 장소였고, 결국, 기적을 만들어 내는 장소가 되었다. 도서관 무임승차는 하루 48분 책쓰기의 시발점이다. 도서관은 내게 기적의 장소였다.

책쓰기가 흙수저에게
더 좋은 여섯 가지 이유

직업에는 귀천이 없다. 하지만 조금 더 강력한 성공 도구는 있다. 조금 더 효과적으로 부자가 되게 해 주는 것은 있다. 돈도 없고, 빽도 없는 사람은 성공하기 힘들다. 세상이 그렇다. 세상은 항상 불공평했다. 지금도 그렇고, 내일도 그럴 것이다. 하지만 희망은 있다. 돈도 없고, 빽도 없는 사람도 성공할 수 있는 분야가 있다. 바로 책쓰기다.

책쓰기는 어떻게 돈도 없고, 빽도 없는 사람도 성공 가능한 분야일까? 돈도, 빽도 없는 사람도 책쓰기로 성공할 수 있는 여섯 가지 이유기 있다.

첫 번째는 책쓰기만큼 진입 장벽이 낮은 분야도 없기 때문이다. 사실이다. 책쓰기만큼 진입 장벽이 낮은 분야는 세상에서 찾아보기 힘들다. 예술 분야든, 정치 분야든, 학문 분야든, 방송 분야든, 스포츠 분야든, 종교 분야든 연줄이 있어야 하고, 돈이 있어야 하고, 배경이 있어야 한다. 세상은 불공평하기 때문이다. 하지만 책쓰기는 출발선이 같다. 빈 원고지에서 시작해야 하기 때문이다.

두 번째는 책쓰기만큼 아빠 찬스, 엄마 찬스가 통하지 않는, 공평하고 공정한 분야도 없기 때문이다. 부모가 유명한 정치인이라고, 책이 더 잘 팔리는 것도 아니고, 부모가 명문대 교수라고 해서 더 유리한 것도 아니고, 부모가 대통령이나 재벌 회장이라고 해서 더 좋은 것도 아니다. 책쓰기의 성패는 오롯이 독자의 몫이기 때문이다.

세 번째는 책쓰기는 전문 자격증이나 명문대 졸업장과 같은 학벌과 스펙이 필요 없다. 책은 저자의 학벌이나 스펙을 따지지 않는다. 의사, 변호사, 회계사 등은 전문 자격증을 취득해야 활동할 수 있다. 하지만 책쓰기는 누구나 도전할 수 있다. 학벌이 없다고 도전조차 하지 못하는 그런 분야가 아니다. 책쓰기는 누구에게나 열려 있다.

네 번째는 책쓰기는 지금 당장 시작할 수 있는 몇 안 되는 직업이다. 아나운서나 기자로 활동하기 위해서는 오랜 준비를 해야 하고, 무엇보다 방송국이나 신문사에 취업해야 한다. 책쓰기는 다르다. 그냥 책을 쓰면 된다. 책을 쓰는 활동 자체가 이미 작가로서 활동을 시작하는 것이다.

다섯 번째는 책쓰기는 가수나 연예인, 예술가, 화가처럼 타고난 특별한 재능이 필요하지 않다. 가수, 연예인, 방송인은 실력과 재주와 끼가 있어야 한다. 하지만 책쓰기는 재주와 끼가 없어도 된다. 책쓰기는 하나의 기술이기 때문에, 재주나 끼나 실력이 그렇게 중요하지 않다. 책쓰기 기술은 누구나 배울 수 있는 기술이다. 그렇게 어려운 특별한 기술이 아니다. 희소식이지 않은가?

여섯 번째는 책쓰기는 남부러울 것이 없는 금수저보다 오히려 흙수저에게 유리한 분야다. 부유한 집안에서 태어나 좋은 교육을 받고, 좋은 대학을 나오고, 좋은 직장에 취직해서 잘 먹고 잘사는 사람에게 대중은 감동하지 않고 열광하지 않는다. 오히려 실패한 경험, 힘든 가정환경, 불우한 어린 시절, 뼈 아픈 상처와 아픔 등을 가진 사람에게 독자들은 감동하고 열광한다. 자신의 상처와 아픔, 어려움과 고난을 이겨내고 살아가는 스토리만큼 강력한 것도 없다.

간단히 정리하면 이것이다.

① 진입 장벽이 낮다.
② 공평하고 공정한 분야다.
③ 학벌과 스펙이 필요 없다.
④ 전문 자격증이 필요 없다.
⑤ 타고난 재능이나 끼가 필요 없다.
⑥ 금수저보다 오히려 흙수저에게 유리하다.

금수저들은 이미 부와 성공의 길을 여러 개 확보해 놓고 있다. 흙수저이면서, 돈도 없고, 빽도 없는 사람은 부와 성공의 길이 많지 않고, 확보하기도 힘들다. 그런 점에서 책쓰기는 위대하다. 흙수저가, 평범한 사람이, 자본도 없이, 기술도 없이, 인맥도 없이, 스펙도 없이,

지금 당장 도전할 수 있기 때문이다. 이런 점에서 책쓰기만큼 평범한 사람에게 강력한 성공 도구는 없다. 책쓰기만큼 평범한 사람에게 효과적인 성공의 길도 없다.

책쓰기는 평범한 사람에게 더 효과적이다. 당신도 책쓰기로 충분히 성공할 수 있다. 그러므로 일생에 한 번은 48분 책쓰기에 미쳐라, 하루 48분 책쓰기면 충분하다. 인생역전, 당신도 가능하다.

133

제2부 만권 독서보다 더 나은 48분 책쓰기의 기적

제 3 부

인생역전은
48분 책쓰기
하나로 충분하다

제5장 일생에 한 번은 48분 책쓰기에 미쳐라
제6장 48분 책쓰기에 미치면 행복하다

제 5 장

일생에 한 번은
48분 책쓰기에 미쳐라

"몽상가는 꿈을 꾸고, 작가는 글을 쓴다. 글쓰기를 꿈꾸는 것은 글을 쓰는 게 아니다. 글쓰기를 생각하는 것도 글을 쓰는 것이 아니다. 멋진 스토리 아이디어를 떠올리고 흥분하거나, 머릿속으로 책을 몇 권씩 구상하거나, 글쓰기에 관한 무수한 책을 읽는 것, 그 어떤 것도 글쓰기 행위가 아니다. 최초의 한 문장을 쓰고, 또 한 문장을 보태는 것, 혹은 그저 최초의 낱말 하나를 쓰고, 새로 낱말을 하나 더 보태는 것, 이것이 바로 글쓰기이다." 〈로버타 진 브라이언트, [누구나 글을 잘 쓸 수 있다], 27쪽〉

48분 책쓰기만큼
강력한 것은 없다

"영국에는 셰익스피어와 같은 위대한 문호가 있었고, 러시아에도 톨스토이와 도스토옙스키와 같은 대문호가 있었다. 중국은 공자, 맹자, 손자, 노자, 사마천, 한비자 등과 같은 고전의 대가들이 수없이 많이 존재했던 나라다. 한마디로 글쓰기에 강한 나라가 초강대국이 된다는 말이다."〈[김병완의 책 쓰기 혁명] 김병완 27쪽〉

일생에 한 번은 꼭 하고 싶은 일이 있는가? 어떤 이는 세계 여행, 어떤 이는 우주 탐사, 어떤 이는 1000억 부자가 되는 것, 어떤 이는 유명해지는 것, 어떤 이는 멋진 사랑을 하는 것, 어떤 이는 건물주가 되는 것 등 다양하고 많다. 그중에서 백미는 무엇일까? 이런 목록을 만드는 사람도 있다. 그것을 우리는 '버킷리스트(bucket list)'라고 부른다. 당신의 버킷리스트 1위는 무엇인가? 죽기 전에 꼭 하고 싶은 일은 무엇인가?

영화 '버킷리스트'는 많은 것을 생각하게 한다. 자수성가한 백만 장자이지만, 특별한 행복도 취미도 없는 사업가 '잭'과 평생 가정을 위해 헌신한 정비사 '카터'는 우연히 같은 병실을 사용하게 되고, 공통점을 하나 발견한다. '죽기 전에 내가 꼭 하고 싶었던 일은 무엇인가?' 두 사람은 버킷리스트를 실천하기 위해 병원을 뛰쳐나가 인생 최고의 여행을 시작한다.

'세렝케티에서 사냥하기.' '카레이싱과 스카이다이빙.' '가장 아름다운 소녀와 키스하기.'

한 번도 가 보지 못했던 곳으로의 여행, 탄자니아 세렝케티, 이집트 피라미드, 인도의 타지마할 등 세계 곳곳을 누비며 후회하지 않을 인생을 만들어갔다.

당신은 어떤가? 당신의 버킷리스트 1호는 무엇인가? 어떤 것을 목록에 넣어도 당신의 자유다. 당신의 권리다. 하지만 책쓰기를 꼭 추가하기 바란다. 일생에 한 번은 책쓰기에 미치는 것은 그 어떤 멋진 세계 여행보다, 맛있는 요리보다, 짜릿한 체험보다 그 이상의 의미와 가치가 있는 버킷리스트이기 때문이다.

중국에는 '독파만권 행만리로' 라는 말이 있다. 사람이 성장하기 위해서 만권의 책을 읽고, 만 리가 되는 곳을 여행해 봐야 한다는 말이다. 여행과 독서는 모두 인간의 사고와 의식을 넓혀주기 때문이다. 필자는 여기서 하나를 더 추가하고자 한다. 바로 책쓰기다.

'모름지기 인간으로 태어났다면, 한 권 이상의 책을 출간해야 한다.'라는 말을 하고 싶다. 책쓰기만큼 인간을 성장시키고 성공하게 해주는 것도 없다.

직업이 무엇이든 상관없다. 인생 최고의 목표가 무엇이든 상관없다. 당신이 남자든 여자든 부자든 가난하든 종교가 무엇이든 상관없다. 책쓰기는 당신이 누구든, 무엇을 하는 사람이든, 인생 최고의 목표와 행복이 무엇이든 상관없이 필요한 행위이기 때문이다.

책쓰기는 부와 성공일 뿐만 아니라 자기계발의 길이다. 특히 책쓰기는 평범한 사람들에게 더 강력하고 효과적이다. 책쓰기는 천하에 공평한 물건이 되었다. 그렇다. 책쓰기는 공평하다. 돈도 없고 연줄도 없는 사람이 성공할 수 있는 길이다.

과거에는 책쓰기를 아무나 함부로 하지 못했다. 엄두도 나지 않았고, 사회적 분위기도 그랬다. 돈도 없고 연줄도 없고 인맥도 없는 사람이 책을 쓸 수도 없었고, 그런 사람이 책을 쓴다고 하면, 조롱부터 했을 것이다. 그래서 돈도 있고, 배경도 있는 권력자들, 지식인들, 특권층만이 책쓰기라는 강력한 무기를 독점했었다. 그래서 이들은 더욱더 성공하고 권력을 차지하고 부자가 될 수 있었다. 평범한 사람과 이들의 사회적 격차는 결국 책쓰기가 만들어 놓았다.

이제는 달라졌다. 모든 것이 바뀌었다. 책쓰기를 독점하던 사람들이 더는 그렇게 할 수 없는 시대가 되었다. 평범한 일반인들이 정보통신기기의 발전과 인터넷과 SNS의 출현으로 힘과 권력을 가지기 시작했다. 위대한 학자나 작가들만이 전유물로 여겨졌던 책쓰기가 이제는 누구나 인종과 성별과 지위와 나이와 상관없이 가능한 시대가 되었다. 실제로 초등학생이 책을 쓰고 작가로 도약하는 시대가 되었다. 필자의 주위에도 초등학생, 중학생, 고등학생이 책을 쓰고 출간하는 경우가 비일비재하다. 더 무슨 말이 필요할까? 시대가 달라졌다.

당신도 일생에 한 번은 책쓰기에 미쳐야 하는 시대다. 다른 것에 미치지 마라. 책쓰기는 부작용이 없고, 몸과 마음이 망가지지 않고, 오히려 인생이 달라지고, 풍요로워진다. 살맛 나게 해 주고, 상처와 아픔을 치료해주고, 몸과 마음을 건강하게 해 준다. 책쓰기만큼 인생을 성공하게 해 주는 것도 없다.

선진국일수록 책쓰기를 중요시하고, 글쓰기에 집중한다. 그런 점에서 한국 사회는 아직 갈 길이 멀다. 필자는 대학교까지 16년 동안 교육을 받으면서 글쓰기에 대해서 제대로 배워 본 적이 없다. 하지만 선진국은 다르다. 아주 어렸을 때부터 심지어 대학교 교과과정까지도 글쓰기를 집중적으로 가르치고 배우고 익힌다. 글쓰기를 잘하는 집단과 못하는 집단의 경제적 소득 차이가 세 배 이상 난다. 사회적 지위 차이는 다섯 배 이상 난다. 글쓰기는 인생을 변화시키고도 남을 만큼 강력한 성장과 성공의 수단이다. 책쓰기만큼 강력한 것은 없다.

당신이 책을 쓰면 절대 안 되는 수만 가지 이유가 있는가? 수만 가지 핑계와 변명이 있는가? 그런데도 당신이 책쓰기를 해야 하는 이유가 단 한 가지라도 있다면 과감하게 도전하라. 책을 쓰면 안 되는 수만 가지 이유와 핑계와 변명이 당신의 도전을 막을 때, 그냥 해 버려라. 그냥 해 버리면 놀라운 일이 생긴다. 수만 가지 이유와 핑계와 변명이 오뉴월에 눈 녹듯 사라져 버린다. 당신도 책쓰기를 했으면 좋겠다. 수만 가지 이유와 변명과 핑계가 결국 팩트는 아니었다. 나의 편협한 생각들, 용기 없는 생각들, 우유부단한 생각들, 부정적인 생각들에 불과한 실체가 없는 것임을 알게 된다.

이 세상에 그 어떤 것도 책쓰기만큼 강력한 것은 없다. 그 어떤 것도 당신의 인생을 급격하게 변화시키고 성장시킬 수 없기 때문이다. 어제보다 좀 더 나은 인생을 살고자 하는 사람은 다른 것을 찾아봐도 된다. 이런 사람은 굳이 책쓰기를 안 해도 된다. 책쓰기는 좀 더 나은 인생이 아니라 급격한 인생역전이 가능한 강력한 삶의 무기이기 때문이다.

책쓰기에 강한 나라는 모두 강대국이고 선진국이라는 사실을 알고 있는가? 중국이 그렇고 영국과 러시아가 그렇고 최강대국인 미국이 그렇다. 일본도 또한 세계 최대의 출판 대국이다. 일본의 힘은 여기에 있다. 반면 한국은 계속해서 출판계가 불황을 거듭하고 있고 대형서적들이 연쇄 부도를 맞고 있다.

많은 국민이 책쓰기를 한다면 한국의 출판시장은 새로운 기회를 만들게 될 것이다. 많은 이들이 책을 쓰게 된다면 다양한 도서들이 넘쳐나게 되고, 그것은 출판사 입장에서도 매우 고무적인 현상이다. 이렇게 된다면 한국사회의 지적 수준은 급성장할 것이다. 국가 구성

원들의 지적 수준이 높아진다는 것은 그 나라의 국가 경쟁력과 밀접한 관계가 있다.

선진국은 군사력과 같은 하드웨어보다 국민의 지식과 지혜와 유연한 사고방식과 같은 소프트웨어가 더 뛰어나고 중요한 역할을 한다. 이것은 책쓰기가 바탕이 되어야 한다. 선진국 중에 책쓰기에 약한 국가는 없다. 한국도 책쓰기 강국이 될 수 있다. 한국도 출판대국이 될 수 있다.

책쓰기는 평범한 사람에게도 필수 과목이다. 누구나 해야만 하는 것이다. 독서가 선택이 아니라 필수가 된 것처럼 이제 책쓰기가 그렇게 되었다. 책쓰기에 당신도 도전해야 한다. 그 이유는 충분하다. 책쓰기는 개인과 국가를 모두를 강하게 해 주기 때문이다. 강한 개인이 강한 국가를 만든다.

가장 확실한
홍보 마케팅 수단이다

생각보다 많은 사람이 책을 쓴다. 밥 먹을 시간이 없을 정도로 바쁜 사람들도 책을 쓴다. 왜 책을 쓰는 것일까? 책은 자기 자신을 마케팅하게 해 주는 최고의 자기 홍보 수단이기 때문이다.

그렇다. 책쓰기는 최고의 홍보 마케팅 수단이다. 책을 쓰면 싫든 좋든 저자와 책은 세상에 나오게 되고, 알려지게 된다. 세상에 홍보가 된다. 저자가 잠을 자는 시간에도, 휴가를 보내고 있는 시간에도 홍보는 계속된다. 책은 시간과 장소를 가리지 않고, 독자에게 읽힌다. 세상에 알려진다는 것은 엄청난 일이다.

평범한 사람이었다가, 유명해져서 큰 성공을 이룬 사람들의 한 가지 공통점이 있다. 그것은 바로 책쓰다. 책쓰기를 통해 세상에 알려졌다는 점이다. 세상이 당신을 알게 되면 무엇이 달라질까? 일단 세상 사람들이 당신을 더 쉽게 찾고, 섭외하게 된다. 그리고 세상 사람들의 입에 오르내리게 된다. 입소문을 타게 되면 당신은 순식간에 전 국민이 아는 유명인이 된다.

책쓰기가 가장 강력한 성공 도구인 이유가 바로 여기에 있다. 만약에 책을 쓰지 않았다면 우리는 성공한 많은 이들의 존재조차 알 수 없었을 것이다. 이처럼 책쓰기는 엄청난 홍보 마케팅 수단이며, 퍼스널 마케팅의 최고봉이다.

필자도 이런 사실을 처음부터 알았던 것은 아니다. 책을 통해 이런 사실을 아는 것과 실제로 온몸으로 경험하는 것은 큰 차이가 있다. 필자는 후자다. 실제로 책쓰기의 어마어마한 홍보 효과를 온몸으로 경험했다. 대기업을 그만두고 도서관에서 3년 동안 책만 읽었다. 그렇게 계속 책을 읽다가 돌발적으로 인생 최고의 도전을 과감히 하게 되었다. 바로 책쓰기였다.

'헉, 나 같은 평범한 사람이 책을 쓴다고.' 그렇다. 무모한 것처럼 보이는 도전이었다. 잘 될 것이라는 그 어떤 보장이나 확신은 없었다. 하지만 도전하지 않았다면, 그 어떤 일도 내 인생에 일어나지 않았을 것이다. 그때 도전하지 않았다면, 나는 작가가 될 수 없었을 것이다. 도전했기 때문에 확률은 제로가 아니다. 성공확률이 제로와 그렇지 않은 것은 엄청난 차이를 만든다. 필자의 첫 책을, 경험도 없는 무명 작가의 책을 출간해 주겠다는 출판사가 나타났다. 기적이었다. 하지만 그 어떤 기적도 도전하지 않았다면 절대 일어나지 않는다. 평범한 사람이 출판사와 계약하고, 출간한다는 것은 상상도 하지 못했던 근사한 일이었다. 하지만 더 근사한 일은 출간 이후였다. 꿈도 꾸지 못했던 멋진 일이 벌어졌다.

자신의 이름으로 된 한 권의 책은 단순한 책 한 권이 아니다. 한 사람의 인생을 송두리째 바꾸어 놓는 어마어마한 파급력을 가지고 있는 마케팅 수단이며, 홍보 수단이었고, 그것은 기적이며 마법이다.

내 이름으로 된 책 한 권이 세상에 출간되자 상상도 못 했던 일이 발생했다. 돈도 없고, 빽도 없던 필자를 세상이 알기 시작했다는 점이다. 여기저기서 심지어 내가 한 번도 가 본 적이 없는 지역에서도, 전국 각지에서 '저자 강연회'라는 강의 요청을 받기 시작했다. 엄청난 삶의 변화였다. 회사를 퇴사하고, 3년 1000일 동안 도서관에만 처박혀 있었던 필자에게 전국 각지에서 몰려드는 강의 요청은 기적과 같은 일이었다. 아니 기적이었다.

책이 출간되자 전국에서 강의 요청을 받았고 덕분에 전국 방방곡곡을 다니면서 강의를 하는 강사, 1인 기업가로 삶이 바뀌었다. 한 권의 책은 정말 어마어마한 힘을 가지고 있었다. 한 번도 가 본 적이 없는 먼 곳에서 어떻게 필자를 알고 강의 요청을 했을까? 그것은 바로 책의 홍보 마케팅 파급효과와 영향력 때문이다.

심지어 중국의 어느 대학 교수가 한국을 방문하여 필자를 찾아온 적이 있었다. 서울대학교 교환교수로 잠시 왔던 중국인 교수였다. 물론 나는 이분을 본 적도 없고, 알지도 못한다. 중국인 교수가 나를 아는 것은 책 때문이다. 필자가 쓴 책 중의 한 권이 중국어로 번역이 되어 중국에서 판매가 되었는데 그 책을 읽고 작가를 꼭 만나고 싶었다고 한다.

이처럼 책은 국가를 초월해서 전 세계로 자신을 홍보하는 힘을 가지고 있다. 책을 쓰게 되면 독자들이 생기게 된다. 그것도 자신의 팬이 되는 그런 독자들이 수백 명 혹은 수천 명 혹은 수만 명이 생기게 된다. 그것은 곧 엄청난 힘과 인기가 된다. 인기 있는 사람, 힘있는 사람은 자연스럽게 부와 성공의 길로 가게 된다.

한 권의 책은 시대를 초월한다. 시간과 공간을 초월하여, 당신을 홍보한다. 시대를 초월한 홍보 마케팅 수단을 당신이 창조한 것이다. 네이버나 다음에 1주일 동안 홍보를 하려고 해도 많은 돈이 필요하다. 신문에 하루만 홍보하려고 해도 홍보 비용이 수백만 원 이상이 든다. 하지만 책은 영원히 당신을 무료로, 오랫동안 홍보해 준다. 이것보다 더 수지맞는 장사도 없다.

우리나라 최초의 한문 소설인 금오신화라는 책을 통해 우리는 그 책을 쓴 김시습 선생을 이 시대에도 만날 수 있다. 김시습 선생은 책을 통해 시대를 초월해서 자신을 알리고 있다. 이 책이 아니었다면 우리는 그토록 오래전에 살다가 간 김시습 선생을 어떻게 알 수 있을까?

위대한 일을 하고, 역사적인 인물이 되어야만 시대를 초월하여 자신을 알릴 수 있는 것이 아니다. 쉽고 효과적인 방법이 있다. 가장 쉽고 좋은 방법이 책쓰기다. 자신의 이름으로 된 책 한 권은 당신이 잠을 자는 동안에도, 휴가를 보내고 있는 동안에도, 열심히 쉬지 않고 당신을 홍보해 준다.

책쓰기는 우리에게 가장 필요한 사회적 능력이다. 책쓰기를 잘하는 사람들은 그만큼 자신을 세상에 잘 알릴 수 있고 홍보할 수 있다. 그것은 매우 중요한 일이다. 아주 필수적인 일이기도 하다. 하루 48분만 투자하라. 1년 후 당신은 분명 달라져 있을 것이다. 자신을 믿고 도전하면 없던 길도 생기고, 잠자고 있던 재능도 깨울 수 있다.

손자는 손자병법을 통해 '지피지기면 백전불패'라는 명언을 남겼다. 책쓰기는 지피지기를 뛰어넘는다. 자신을 성장시킬 뿐만 아니라 세상을 바꾼다. 세상이 나를 알게 만들고, 나를 높게 평가하게 만든다. 책쓰기를 한다는 것은 강력한 홍보 인력과 마케터를 평생 무료로 고용하는 것과 같다. 책쓰기는 지피지기를 뛰어넘은 위대한 전략이자 전술이다.

세상이
전문가로 인정한다

"위대한 사람, 잘난 사람, 재주 있는 사람만이 책쓰기를 할 수 있는 것이 아니다. 오히려 그렇지 못한 사람이기에 책쓰기를 통해 더 쉽게 그런 사람이 될 수 있고, 자신의 한계를 넘어설 수 있다."〈김병완의 책쓰기 혁명, 14쪽〉

어떤 분야를 막론하고 전문가로 도약하고 성장하기 위해서는 그 분야의 전공 서적을 500권 이상 읽어야만 한다. 몇십 년 전까지는 100권만 읽어도 전문가로 도약하고 인정받을 수가 있었다. 하지만 하루에도 수백 권의 책이 쏟아져 나오는 지식 폭발의 시대에 우리는 살고 있으므로 이제는 100권으로는 턱없이 부족하다.

그런데 현실적으로 500권의 책을 읽는다는 것은 10년 동안 해도 직장인들이 해내기 힘든 불가능한 일인지도 모른다. 그렇다면 어떻게 해야 할까? 책 읽기보다 더 좋고 확실한 방법은 없을까? 있다.

그것이 바로 책쓰기다. 책을 한 권 쓰면 그 분야에서 전문가로 인정받을 수 있다. 그것이 유일한 방법은 아니지만, 가장 쉬운 방법은 틀림없다. 전문가가 되기 위해서는 대학교에 입학하여 학위 논문을 쓰고, 공부를 오랫동안 해야 하고, 전문 자격증 시험을 봐서 합격해야 한다. 하지만 이 모든 과정은 생각보다 많은 시간과 경비가 필요하다. 심지어 좋은 머리와 강인한 체력도 필요하다. 전문가가 되는 길이 그렇게 쉽고 편한 길은 아니다. 그래서 세상은 전문가를 대우해 준다.

40이 넘은 중년은 다시 대학교에 다니는 것도, 전문 자격증 시험을 준비하는 것도 여간 힘든 일이 아니다. 힘들 뿐이라면 모르겠지만, 현실적으로 불가능하다고 여길 정도로 현실성이 없다. 전문가가 되는 길은 멀고 힘들어서, 평범한 중년이 회사를 그만두면, 앞이 캄캄해지고, 미래가 막막해지는 것이다.

전문가로 인정을 받는 사람은 퇴사해도, 직장이 없어도 앞이 캄캄하지 않다. 자신의 전문 분야에서 자신의 길을 가면 되기 때문이다. 당신은 어떻게 전문가로 인정을 받을 것인가? 피나는 훈련을 통해 오디션 무대에서 1등을 하면, 당당하게 전문가로 인정을 받고, 미래는 보장된다. 하지만 당신은 무엇으로 전문가가 될 것인가?

하늘이 무너져도 솟아날 구멍은 있다. 호랑이 굴에 잡혀가도 정신만 차리면 살아나올 수 있다. 그것이 바로 책쓰기다. 책쓰기를 통해서 하늘이 무너진 인생에서 솟아날 구멍을 발견한 이들이 적지 않다. 책쓰기는 당신을 쉽게 빨리 전문가로 도약할 수 있게 해 준다.

전문가라는 퍼스널 브랜딩을 인생을 살면서 한 번도 구축해 본 적이 없는 사람도 책쓰기를 통해서 쉽게 구축할 수 있다. 심지어 책을 써 본 적이 없는 일반인도 가능하다. 사실 누구나 책을 출간하기 전에는, 책을 쓰기 전에는 일반인이다. 전문가이기 때문에 책을 쓰는 시대는 끝났다. 이제는 비전문가가 책을 쓰고, 그 덕분에 전문가로 인정을 받고, 전문가로 도약하는 시대다. 시대가 많이 바뀌었다.

자신의 이름으로 된 책 한 권이 대학교 졸업장보다 더 큰 도움이 되는 시대가 바로 이 시대라면 믿겠는가? 믿지 않아도 할 수 없지만 사실이다. 대학교 졸업장이 있다고 해도 저절로 돈이 나오는 것은 아니지만, 내 이름으로 된 책 한 권은 계속해서 인세가 통장에 들어온다. 얼마나 꿈만 같은 이야기인가? 물론 인세가 그렇게 많은 것도, 지속해서 계속해서 나오는 것은 아니다. 하지만 인세는 빙산의 일각이다. 책이 잘 팔리면 그 파급효과는 상상을 초월한다. 인세보다 몇십 배 더 강력한 부와 성공의 길이 열리기 때문이다. 세상과 타인이 당신을 전문가로 인정한다는 점이다.

책의 파급효과는 평범하기 짝이 없는 한 사람을 하룻밤 사이에도 유명 베스트셀러 작가로 만들어 놓을 수 있다. 이만큼 책쓰기는 어마어마한 것이다.

책쓰기를 당신이 꼭 해야 하는 것은 아니다. 하지만 자녀들을 꼭 좋은 대학교에 보내려고 하는 이유도, 꼭 부자가 되려고 하는 이유를 생각해보라. 부자가 되어야만 하는 이유는 없다. 하지만 부자가 세상을 살기에 훨씬 더 유리하고, 더 편하고, 더 멋지다. 부자는 더 많은 기회와 더 좋은 환경에서 풍요롭게 살아간다. 책쓰기는 당신의 인생을 좀 더 풍요롭게 해 주고, 더 많은 성공 기회를 제공해 주고, 무엇보다 세상이 당신을 전문가로 인정하도록 해 준다.

책쓰기는
자본, 실력, 배경이 된다

책쓰기는 자본과 실력과 기술도 없는 우리에게 힐링과 스탠딩을 동시에 할 수 있게 해 준다. 결국 책쓰기는 자본이면, 당신의 실력이 된다. 당신 이름으로 된 책 한 권은 그 어떤 스펙이나 명함보다 더 강력하다. 이것이 책쓰기만이 가지고 있는 장점이다.

TV 시청과 책쓰기, 어떤 것이 더 유익할까? TV를 통해 당신이 얻는 것은 무엇인가? 보는 순간의 즐거움, 웃음, 해학, 그로 인한 스트레스 해소다. 물론 유쾌하고 좋다. 사람이 웃는다는 것은 정말 심신에 좋다. 하지만 여가에 TV 시청만 하는 사람이라면 어떨까? 너무 심하다. TV 시청도 하면서, 딱 48분만 시간을 만들어 책쓰기를 하는 사람이 되면 어떻게 될까? 인생이 확 달라질 수 있다. 놀랍지 않은가?

지금 당장은 아무 차이도 나지 않는다. 하지만 1년 후, 아니 5년 후는 어떻게 될까? 그 차이는 점점 더 격차가 벌어질 것이다. 이 사실을 우리는 명심해야 한다. 예능은 그 순간만 우리에게 유익하지만, 책쓰기는 그 순간과 함께 미래에 더 유익하다. 더 큰 인생, 더 풍요로운 인생을 살게 해주기 때문이다.

가령 싱가포르에 있는 멋진 호텔이자 명소인 마리나 베이 샌즈 호텔의 옥상 수영장에서 수영하면서, 세상을 다 가진 기분을 누려 볼 수 있고, 미국의 플로리다 해변에 가서 더 차원 높은 삶의 여유와 휴식과 낙을 누릴 수 있고, 유럽의 세계적인 휴양지에서 한두 달 동안 늘어지게 휴양을 즐길 수 있는 낙을 누릴 수도 있다. 이 모든 것이 당신이 성공했을 때 가능하다.

책쓰기가 당신에게 이런 성공을 가져다준다고는 장담할 수 없다. 하지만, 분명하게 말할 수 있는 것은 TV 시청만 하는 사람에게 성공 가능성은 제로라는 점이다.

책쓰기를 하면 행복의 수준과 차원이 달라진다. 참된 행복, 진짜 행복은 지금, 이 순간만 즐거운 것이 아니라 동시에 미래가 풍요롭고 충만하고, 행복해야 한다. 그리고 점점 더 변화와 성장이 이루어져야 한다. 정체된다면 그것은 바람직하지 않다.

세상에는 책쓰기보다 더 극적인 성공을 할 수 있게 해 주는 것은 사실 많다. 하지만 그런 것은 대부분 편법이거나 불법이다. 불법 행위를 통한 일확천금은 하루아침에 사라져 버린다. 즉 사상누각과 같다. 일확천금과 같은 불확실한 성공에 빠져서 평생 모은 돈을 다 날리고 온 가족이 거리로 내몰리는 그런 비극이 자주 발생하는 이유는 성공에 대한 본능적인 욕심을 가지고 있기 때문이다. 중요한 것은 방법이다. 그것이 불법이면 절대 해서는 안 된다.

책쓰기는 불법이 아니다. 그래서 책쓰기는 평생 모은 돈을 다 날리고, 온 가족이 거리로 내몰리는 그런 비극과 같은 상황이 절대 발생하지 않는다. 돈 한 푼 안 들이고, 멋진 일을 지금 당장 시작할 수 있다. 그것이 바로 하루 48분 책쓰기다.

작가라는 직업의 매력은 여기서부터 시작이다. 돈이 없고, 배운 것이 없어서, 학벌이나 졸업장이 없는 사람에게 기회가 주어지지도 않고, 여러 가지 제약이 심한 곳이 세상이고, 특히 한국 사회다. 하지만 학벌이나 졸업장, 화려한 스펙이 없어도 성공할 수 있고 도전할 수 있고, 시작할 수 있는 분야가 유일하게도 책쓰기다. 쓰기는 엄청난 기회를 모두에게 공평하게 제공해 준다. 그런 점에서 책쓰기는 정말 공평하고 멋진 분야다. 진입 장벽이 거의 없다고 볼 수 있다.

성과 측정에도 매우 공평하다. 기득권층인 전문가의 편파적인 평가에 내 책의 성과가 결판나는 것이 아니다. 평가는 공정하다. 이해득실에 무관한 독자들이 해 주기 때문이다. 책쓰기는 학벌이나 스펙, 인맥이나 학연에 의해서 좌지우지되지 않는 공정한 무대다. 세상에는 더럽고 치사한 분야가 많다. 학벌이나 스펙이 없으면, 인맥이나 학연이 없으면 성공하지 못 하는 분야도 넘쳐난다. 이런 측면에서 보면, 책쓰기는 정말 공정하고, 공평하고, 투명하고 깨끗하다. 모든 것이 독자의 평가와 성원으로 결정되기 때문이다. 자본과 실력, 돈과 빽이 없는 사람에게도 책쓰기는 자본이며, 실력이 되는 이유다.

책쓰기는 정직하고 공평하다. 책쓰기는 누구에게나 열려 있다. 모두에게 공평한 기회를 부여해 준다. 이것이 책쓰기의 매력이다. 그런 점에서 책쓰기는 사회의 부조리나 불합리에서 어느 정도 벗어나 있는 청정구역이다.

직장에도 사내 정치가 있고, 사회에는 부조리와 불평등이 판을 치고, 학계나 공무원 사회에도 그렇다. 아빠 찬스, 엄마 찬스를 쓰는 사람이 쉽게 성공하고, 아부를 잘하는 사람이, 줄을 잘 서는 사람이 더 성공하고, 나쁜 사람이 더 많이 돈을 버는 그런 사회의 부조리와 불평등, 사회악과 악습이 판을 치고 있지만, 다행히 책쓰기는 그런 부조리, 악행, 악습이 훨씬 덜한 청정구역이다.

나는 이것이 좋다. 학벌도 없고, 인맥도 없고, 스펙도 없고, 아부도 잘하지 못 하는 사람도 충분히 성공할 수 있고, 마음껏 즐기면서 일을 할 수 있는 직업, 줄을 서지 않아도 되고, 눈치를 보지 않아도 되고, 싫은 소리 하지 않아도 되고, 굽신거리면서 아부하지 않아도 되는 그런 직업, 나만 열심히 내 할 일을 하면 되는 그런 직업, 그것이 바로 책쓰기다.

책을 쓴다는 것은 공평하고 정직하고 성실한 일이다. 그 어떤 학벌도, 인맥도, 스펙도 필요하지 않다. 이것이 책쓰기의 거부할 수 없는 매력이며, 공정함이다. 책쓰기는 한 마디로 자본이며, 실력이며, 배경이 된다.

제 6 장

48분 책쓰기에 미치면
행복하다

"인생 뭐 있어?"라는 말만 수없이 되풀이하면서 어제와 별반 다를 바 없는 인생을 살아가는 평범한 사람일수록 지금 당장 책쓰기에 도전해야 한다. 인생을 바꾸는 데 책쓰기만큼 강력한 것은 없기 때문이다. 위대한 사람, 잘난 사람, 재주 있는 사람만이 책쓰기를 할 수 있는 것이 아니다. 오히려 그렇지 못한 사람이기에 책쓰기를 통해 더 쉽게 그런 사람이 될 수 있고, 자신의 한계를 넘어설 수 있다." 〈김병완의 책쓰기 혁명, 프롤로그 중에서〉

48분 책쓰기에 미치면
행복하다

   책쓰기에 미치면 왜 행복할까? 책쓰기는 어떻게 인간을 행복하게 만드는 것일까? 책쓰기는 몰입할 수 있게 해 준다. 몰입하는 순간은 세상의 모든 걱정과 근심, 염려와 두려움에서 해방될 수 있다. 그래서 책쓰기에 미치면 오히려 행복하다. 책쓰기는 세상의 많은 것을 초월할 수 있게 해 준다. 세상의 많은 잡념에서 벗어날 수 있다. 당신을 괴롭히는 집착에서 벗어날 수 있다.

   책쓰기를 하다 보면 무아지경에 이르게 된다. 무아지경이 되면, 자신을 넘어설 수 있고, 세상에서 벗어나게 된다. 책쓰기만큼 집중과 몰입이 잘 되는 행위도 없다. 목숨을 담보로 절벽을 오르는 것도 몰입이 잘 된다. 하지만 한 번만 실수해도 위험할 수 있다. 하지만 책쓰기는 안전하다. 수천 번 실수해도 목숨은 위험해지지 않는다.

인간을 불행하게 하는 것은 집착과 욕심이다. 책쓰기는 수많은 집착과 욕심에서 그 순간 벗어나게 해 준다. 책쓰기를 하는 순간만큼은 누구보다 행복해질 수 있다. 아무리 많은 걱정과 근심이 있어도, 책을 쓰는 순간만큼은 벗어날 수 있다. 이 얼마나 멋지고 좋은 일인가? 수지맞는 장사다.

책쓰기는 당신에게 세상이 주지 못하는 위안과 행복을 준다. 행복이라고 해서 하루아침에 벼락부자가 되는 그런 요행을 말하는 것이 아니다. 하루도 쉬지 못하게 당신을 괴롭히는 걱정과 근심, 염려와 두려움에서 잠시 벗어나게 해 주는 것이 있다면 누구나 환영할 것이다. 책쓰기가 그런 힘을 가지고 있다. 그래서 책쓰기는 마법이다.

시라도 세상의 골치 아픈 일들에 대해서 생각을 멈출 수 있고, 신경 쓰지 않을 수 있다면 얼마나 좋을까? 이것을 위해 재벌 2세나 연예인들이 불법 프로포폴을 투약하는 것이다. 잠시라도 고뇌와 번뇌에서 벗어나고 싶기 때문이다. 그 잠깐의 행복을 위해 불법도 마다하지 않는다. 하지만 책쓰기는 불법이 아니다. 오히려 당신을 합법적으로 성장시키고, 성공하게 해 주고, 행복하게 해 준다. 이것만큼 좋은 것이 어디 있을까?

'일일청한 일일선(一一淸閑 一一仙)'

단 하루만이라도 아무런 근심과 걱정 없이 마음이 편안하여 맑고 한가로우면, 그 하루는 신선과 같다는 말이다. 얼마나 좋은 말인가?

현대인들은 단 하루도 이렇게 살기 힘들다. 걱정과 스트레스, 근심과 염려, 미래에 대한 두려움, 불안, 공포 등이 괴롭히기 때문이다. 하지만 방법은 있다. 바로 책쓰기다. 필자의 경우, 매주 3일은 출근하는 것 대신 도서관에 간다. 회사 일보다 독서와 책쓰기가 먼저이기 때문이다. 도서관에 가서 서너 시간씩 책쓰기에 푹 빠지면, 나를 괴롭히던 모든 걱정과 근심, 염려와 두려움, 불안과 공포에서 해방될 수 있다. 결국, 책쓰기는 피난처이기도 하고, 해결책을 발견하게 해 주는 돌파구이기도 하다. 그뿐만 아니라, 책쓰기는 그 자체로 하나의 위안이며, 선물이다. 책쓰기는 나를 신선이 되게 해 준다.

책을 쓰는 그 순간은 고통에 시달리는 불쌍한 인간이 아닌, 욕심과 집착에서 해방된 신선이 된다. 신선과 같이 세상을 초월할 수 있게 된다기보다는, 잠시의 여유를 되찾을 수 있게 된다. 한 마디로 마음의 여유를 가지고, 한가롭게 거닐며, 유유자적할 수 있다. 너무 악착같이, 아등바등하며 지독하게 사는 것보다 여유롭게 사는 것이 더 낫다. 천년만년 살지 못하기 때문이다. 길어봐야 100년이다.

무엇을 하려고 그렇게 천년만년 살 것처럼 사는가? 삶에 여유를 가지고, 인간답게 살아야 하지 않겠는가? 책쓰기는 당신을 인간답게 살 수 있게 해 준다. 책쓰기는 당신을 복잡한 세상일로부터 도피할 수 있는 길을 만들어 준다. 책쓰기는 조급한 당신에게 어느 정도 평상심을 유지할 수 있는 훈련을 하게 해 준다. 평상심을 유지하는 사람은 화를 잘 내는 사람보다 훨씬 더 행복한 삶을 살 수 있다. 책쓰기에 미치면 당신이 행복해지는 이유다.

작가에게
도움이 되는 고사성어

아무 재능도 없던 필자에게 힘을 주는 사자성어도 있다. 바로 '백천지공'이다. 백천지공(百千之功)이란 말은 중용에 나오는 말이다. 남이 한 번에 그 일을 잘하거든 나는 백 번이라고 할 것이고, 남이 열 번에 그 일을 잘하거든 나는 천 번이라도 할 것이다. 공자는 재주 있는 사람보다 즐기는 사람이 더 낫다고 말했다. 우직한 사람은 즐기는 사람과 다를 바 없다. 우직함이 최고의 능력이며 무기다. 그러므로 매일 책을 쓰라. 매일 하는 것만큼 더 큰 재능은 없다.

우직하게 매일 하는 힘이 바로 최고의 재능이며, 능력이다. 천재를 이기는 힘은 우직함에 있다. 우리는 우직함과 그릿과 기개의 대가들에게 배워야 한다. 우직함, 그릿, 기개를 이야기할 때, 다산 정약용 선생과 추사 김정희 선생을 빼놓을 수 없다.

다산 선생을 위대하게 만든 것은 재능이 아니라 과골삼천(踝骨三穿)이었다. 복숭아뼈가 세 번이나 구멍이 날 정도로 우직하게 공부와 책쓰기에 몰두하셨다. 세상에 공짜는 없다. 세상은 매우 정확하다. 우리는 공자의 '위편삼절(韋編三絶)'은 잘 알고 있지만, 정작 우리 선조의 위대한 기개와 그릿을 배울 수 있는 다산의 과골삼천(踝骨三穿)은 잘 모르고 있다. 우리 선조 중에 그릿의 대가로 추사 김정희 선생을 빼놓을 수 없다. 그는 '나는 평생 벼루 10개를 구멍 냈고 붓 1000자루를 몽당붓으로 만들었다. 비문 309개를 온몸으로 익혀 글씨를 쓸 때까지 견제했다. 내 어깨에는 309개의 비가 들어있다.'라고 말했다.

당신의 어깨에는 무엇이 들어있는가?

책쓰기로 잔잔한 삶에 혁명을 일으키고자 한다면 먼저 우직함을 길러야 한다. 우직하게 쓰면 천재도 두렵지 않다. 하루 48분만 투자하면 된다. 48분의 시간은 아무리 바쁜 사람이라도 만들어 낼 수 있는 시간이다. 새벽에 한 시간만 일찍 일어나도 되고, 퇴근 후 한 시간만 도서관에 가도 되고, 잠자기 전 한 시간만 늦게 자도 된다.

우직하게 어리석게 바보같이 한 우물을 파는 사람이 큰 성과를 거두고, 전문가로, 고수로 도약할 수 있는 법이다. 하루 48분으로 충분히 인생을 바꿀 수 있다. 재능이 있는 사람이 성공하는 것이 아니다. 금수저나 환경이나 배경이나 학벌이 성공의 조건도 아니다. 인간의 성공과 실패는 그릿과 기개에 달려있다. 책쓰기도 이와 다르지 않다. 책 쓰는 사람에게 오히려 더 중요한 것이 그릿과 기개다. 그릿과 기개는 어떤 일을 멈추지 않고, 굴하지 않고 계속해서 해나가는 능력이며, 어떤 일이 있어도 흔들리지 않는 평상심을 유지하여, 계속 전진해 나가는 능력이다.

책쓰기에 재능이 있는 사람과 능력이 부족해도 하루 48분씩 꾸준히 멈추지 않고 써나가는 우직한 사람, 끈기가 있는 사람이 있다면 어느 쪽이 10년 후에 더 훌륭한 작가가 되어있을까? 필자는 재능이 있는 사람이 아니라 우직한 사람, 끈기가 있는 사람이라고 생각한다.

처음부터 책 쓰기를 남들보다 잘하는 사람은 많지 않다. 즉 수준이 낮아도 걱정할 필요는 없다. 우리가 잘 알고 있는 마이클 조던의 예를 살펴보자. 그도 역시 처음에는 서툴고, 수준이 뛰어나지 못했다. 하지만 그는 우직함을 실천한 사람임을 알아야 한다.

"난 선수 생활 중에 9000개가 넘는 샷을 넣지 못했다. 난 거의 300여 게임에서 패했으며, 26번이나 결승 골 기회를 놓치고 말았다. 난 실패에 실패를 거듭했다 난 그러했기 때문에 성공할 수 있었다."

마이클 조던도 고등학교 때는 벤치에 앉아 있어야만 했던 평범한 선수보다 더 못한 선수였다. 만약에 고등학교 2학년 때 남들보다 빠른 실패를 하지 않았다면 세계적인 선수가 될 수 없었을 것이다. 고등학교 2학년 때 자신이 다니던 레이니 고등학교 농구팀에 들어가지 못하는 패배를 경험했다. 프로 선수가 되어 경쟁이 심한 상황에서 한두 번 패배를 경험하는 것은 누구나 다 하는 것이다. 그만큼 실력 있는 선수들이 모였고, 경쟁이 심하기 때문이다. 하지만 고등학교 시절에 이렇게 팀에도 들어가지 못하는 실패를 경험한다는 것은 농구에 아예 재능이 없었다고 봐도 된다. 그의 성공은 바로 이때부터 시작되었다. 팀에 선발되지 못했던 2학년 내내 아침마다 개인훈련을 하는 계기가 되었기 때문이다. 남들보다 빠른 실패는 그가 남들보다 더 큰 성공을 할 수 있게 해 준 밑거름이 되어주었다. 그가 우리에게 말하고 있다.

"그냥 뛰어라. 흥미를 가져라. 게임을 즐겨라."
"Just play, Have Fun. Enjoy the game."

농구 황제가 될 사람이 고등학교 농구팀에도 들어가지 못하는 경험은 엄청난 것일지도 모른다. 그는 이것을 극복하고 성장의 기회로 삼았다. 그는 좌절하거나 학습된 무기력에 빠지지 않았다. 그는 매일 아침 하루 48분 정도를 투자했을지도 모른다. 등교하기 전에 아무리 많은 시간을 낸다고 해도 고작 한 시간 정도가 최대일 것이다. 그런 점에서 마이클 조던을 바꾼 것은 48분의 연습과 훈련일지도 모른다.

책쓰기에도 이런 마인드가 필요하다. 그냥 쓰면 된다. 쓰다가 보면 어느새 베스트셀러 작가가 되어있을 것이다. 중요한 것은 매일 48분을 투자하는 것이다. 더 중요한 것은 매일 하는 것이다. 매일 하는 것의 중요성을 다산 선생도 강조했다. 바로 둔필승총(鈍筆勝聰)이다.

무딘 붓이 총명함보다 더 낫다는 말이다. 서툰 재주라도 쓰는 것이 똑똑한 머리보다 낫다는 말이기도 하다. 여기서 좀 더 나가면, 글쓰기에 재능이 없는 사람도, 매일 꾸준히 글쓰기를 하면, 재능이 있고, 총명한 사람보다 더 잘 쓸 수 있다는 의미로 확장된다. 책쓰기를 도전하는 사람에게 도움이 되는 고사성어다.

우리가 기억해야 할 작가 중의 한 명은 러시아의 대문호 도스토옙스키이다. 그는 누구나 다 알 만큼 위대한 작가이다. 하지만 그가 얼마나 오랫동안 실패를 해야 했는지를 알면 놀라지 않을 수 없을 것이다. 그는 20년 넘게 글을 써 왔지만, 40대 중반까지도 실패했던 인물이다. 심지어 그는 40대 중반에 평론가로부터 다음과 같은 평가를 받는 모욕도 겪었다.

"너저분하게 쌓인 잡동사니 같은 글만 쓴다."

오랫동안의 많은 실패를 통해 그는 이전보다 더욱더 큰 사람이 될 수 있었다. 그것이 실패의 힘인 것이다. 그것이 백천지공의 힘이다. 둔필승총은 바로 이런 정신을 내포하고 있다. 매일 실패를 해도, 형편없는 글을 쓴다고 세상이 비웃어도, 아랑곳하지 않고 글쓰기를 멈추지 않고 쓰고 또 쓰는 우직함이 필요하다. 성공하고자 한다면 둔필승총을 꼭 기억해야 한다. 둔필승총, 과골삼천, 백천지공을 가능하게 해주는 것이 48분 기적의 책쓰기다. 하루 48분만 투자할 것, 그리고 매일 할 것, 이 두 가지만 기억하고 실천하면 된다. 책쓰기에 재능이나 실력은 중요하지 않다. 둔필승총, 백천지공, 과골삼천만 기억하면 힘이 될 것이다.

명문의 함정에서
벗어나야 한다

'완벽한 문장 같은 것은 존재하지 않아.
완벽한 절망이 존재하지 않는 것처럼.'

1979년에 발표된 무라카미 하루키의 데뷔작 〈바람의 노래를 들어
라〉의 첫 문장이다. 그렇다. 완벽한 문장은 존재하지 않는다. 다만 작
가만의 독특한 문장이 존재할 뿐이다. 하루키는 다른 작가와 달리, 자
신만의 유니크한 문장 표현으로 성공한 작가다. 말을 가지고 놀고, 기
존 문장의 평가 잣대를 무시하는 것이 하루키 문학의 특징이다.

그렇다. 하루키는 아름다운 문장을 쓰는 작가가 아니라, 자신만의
독특한 문장 스타일로 대성한 작가다. 문장은 자신이 말하고자 하는
내용이 제대로 잘 전달이 되면 최고다. 하루키는 숫자를 사용하여,

정확히 전달하려고 노력한 작가다. 아름다운 문장을 쓰려고, 더 훌륭한 문장력을 갖추기 위해 노력하지 않았다. 그것이 하루키의 성공비결이다. 21세기 들어 가장 인지도가 높은 일본 작가인 그는 2015년 타임 선정 세계에서 가장 영향력 있는 인물 100인 부문에도 선정되었다.

이런 그가 문장력의 부족으로 아쿠타가와상 후보에 올랐을 때 수상에 실패하면서, 이런 혹평을 들었다. '외국의 번역소설을 너무 많이 읽고 쓴 것 같은 겉멋이 든 버터 냄새 나는 작품'이라는 평가다. 즉 그가 지금까지 가장 많이 받는 대표적인 문장에 대한 평가는 '평이한 문장'이라는 말이다.

결국, 문장력, 특히 화려한 문장력, 아름다운 문장력은 그가 세계적인 작가로 도약하는 데 필요하지 않은 기술이었다. 하지만 최소한의 문장력은 필요하다. 절대 오해하지 마시라. 한국 문장론의 구조를 세우는 일에 한평생을 바치신 장하늘 선생은 문장 표현의 모든 것을 총체적으로 집대성한 최초의 글쓰기 사전을 만들었다.

"이 나라 문장력을 높여야 한다."

가장 자주 많이 하신 말이다. 문장력이 부족해서 고민하는 예비 작가들, 책을 여러 권 출간했음에도 문장력에 대해 자신감이 없는 작가들, 남들보다 문장을 잘 쓰고 싶은 일반인들, 펜으로 먹고사는 기자들, 출판사나 편집에 종사하는 전문가들에게 [글쓰기 표현사전]을 추천하고 싶다. 장하늘 선생이 말하는 좋은 문장의 조건은 어떤 것일까?

　"'좋은 문장' – 문장론 최후의 과녁이요, 이 책의 종착역을 뜻하는 말이다. 백인백색의 견해가 있을 과제다. 많은 문장학자가 내세우는 내용들이 열거적일 수밖에 없는 것이, '문장'이란 본디 정신의 종합적 산물이요, 그 필자 경험과 지혜에서 빚어진 결정체이기 때문이다."〈장하늘, [글쓰기 표현사전] 264쪽〉

　장하늘 선생은 현대문장과 좋은 글의 조건을 아래와 같이 밝힌다.

　"현대문장은 '명문'을 거부한다. 여태까지 말하던 명문은 골동품으로 치부한다. '문장론'도 자리가 바뀌었다. 여태까지의 문장론은 '미문(美文)지상주의'–"아름다워야 글이다"였다. 그 아름다움은 두 가지 내용을 머금었다. 하나는 '아름다운 묘사'요, 하나는 '운율의 쾌감'이었다. 하지만 이제는 판도가 바뀌었따. '문장론'–하면, 일반문장론 곧 실용문장론이요, 생활문장론이요, 서민의 대중문장론을 가리킨다. 소설이나 수필이나 희곡 따위는 특수문장론 · 예술문장론에 치부된다. 대중문장론-그 어느 문장에서나 통할 '좋은 글'의 조건을 둘만 들라면 ① 쉬운 글과 ② 바른 글이요, 넷을 들라면 ③ 짧은 글과 ④ 뚜렷한 글이요, 마지막 하나만 더 들라면 ⑤ 이끌리는 글이다."〈장하늘, [글쓰기 표현사전] 265쪽〉

그렇다. 좋은 문장의 조건에 아름다운 글, 화려한 글, 세련된 글, 멋진 글은 없다. 그러므로 문장론에 대한 편견과 오해에서 먼저 벗어나야 한다. 명문의 함정에서 탈출해야 한다. 누구보다 쉽게 책을 쓰는 방법을 익히기 위해서 버려야 할 것이 있다. 바로 문장력에 대한 오해다. 이것은 백해무익하고, 심지어 심리적 부담감을 준다. 책쓰기에 도전하는 사람에게 가장 큰 심리적 부담감을 주는 요소는 문장력에 대한 오해와 맹신이다.

문장력은 책 쓰기에서 비중이 그렇게 높지 않다. 원래부터 그렇게 높은 것이 아니었지만, 많은 이들이 오해하는 것이다. 명문장의 함정과 덫에서 빠져나와야 한다. 문장의 가장 중요한 기능은 그 메시지를 제대로 전달하는 것이다. 그래서 문장은 전달이다.

'작가는 명문장가'라는 공식이 더는 성립하지 않는다. 오히려 '작가는 창조자'라는 공식이 이제 더 어울린다. 작가에게 필요한 것은 명문장이 아니라 자유로운 사색과 넘치는 발상이다. 아름다운 문장에 집착할 필요는 없다. 문장력이 없다고 지레 겁을 먹고 책 쓰기를 포기할 필요는 더더욱 없다. 이것이 모두 문장력의 덫에 걸리는 것이다.

작가는 수많은 사유와 아이디어와 스토리 속에 자신을 던지는 사람이다. 작가는 편협하고 좁은 우물 안에서 탈출하는 사람이다. 타인보다 더 큰 세상에서 살아가는 사람이다. 작가에게 필요하고 요구되는 것은 문장력이 아니라 세상을 남과 다르게 볼 수 있는 시각과 통찰력이다.

한 권의 책에 있어야 할 것은 바로 작가 자신이어야 한다. 문장만 번지르르한 책에는 작가도 없고, 내용도 없고, 감동도 없고, 교훈도 없다. 독자를 사로잡는 것은 아름다운 문장이 아니라 스토리, 아이디어, 내용, 무엇보다 작가 자신이다.

의심하지 말고,
굳건히 나아가라

"여러분이 글을 쓰고 싶다면, 종이와 펜 혹은 컴퓨터, 그리고 약간의 배짱만 있으면 된다. 학벌도 필요 없고, 우수한 두뇌도 필요 없다. 맞춤법을 알아야 할 필요도 없다. 이런저런 낱말을 많이 알아야 할 필요도 없다. 작가가 되는 것도 마찬가지이다. 달리 필요한 게 없다! 그러나 굳이 말하자면, 경험이 필요하긴 하다. 기꺼이 글을 쓰겠다는 마음으로 일단 시작해서 꾸준히 글을 쓰기만 하면 된다. 자신의 이야기를 있는 그대로 솔직히 털어놓으며, 꾸준히 시간을 바치다 보면 어느새 여러분은 작가가 되어있을 것이다."〈로버타 진 브라이언트, [누구나 글을 잘 쓸 수 있다], 14쪽〉

작가가 되는 것을 너무 거창하게 생각하거나, 부담감을 느낄 필요는 없다. 능력이 뛰어난 사람, 내공이 있는 사람만이 작가가 되는 것은 아니기 때문이다. 자신을 믿고 흔들리지 않고 의심하지 말고 나아가면 된다. [예술가여 무엇이 두려운가]를 보면 자신과 싸움에서 승리하는 비법에 대해 힌트를 얻을 수 있다.

"만일 마음속으로 넌 화가가 아니야, 라고 말하고 있다면 모든 수단을 다해서 그림을 그려라, 그러면 그 소리는 잠잠해질 것이며, 오직 작업을 통해서만 그렇게 될 것이다."

결국, 작가로 산다는 것은 자신과 싸움이다. 작가로 산다는 것은 두려움과 마주하는 것이다. 책을 쓰고자 하는 사람은 자신의 길을 당당하게 가야 한다. 비평가들은 여전히 위대한 작가의 작품조차도 비평한다. 그것이 그들의 일이기 때문이다. 작가는 책을 쓰는 것이 일이다. 그러므로 책을 쓰면 된다. 필요한 것은 자신감이다. 자기 확신이 필요하다. 작가에게 자신감은 재능이나 실력보다 중요하다. 자신을 믿는 것이 가장 중요하다.

"자신의 작품이 실패할 것이라는 두려움은 예술 작업 주기에서 반복되는 정상적이며 건강한 일반현상이다. 그런데 새로운 구상에 집중하여 작품을 시작해 진행해 나가다 보면 어느새 초심은 사그라져 버리고, 결국에는 계속해 나갈 가치가 없다는 결론에 이르기 마련이다. 이때를 가리켜 글 쓰는 작가들은 "펜이 말랐다"라는 표현을 쓰곤

한다."〈데이비드 베일즈, [예술가여 무엇이 두려운가], 29쪽〉

　작가가 되고자 하는 그대여! 자신을 믿고 전진하라. 실패해도 좋다. 실패가 두려워 도전도 하지 못한 사람보다 용감하게 도전한 당신이 더 훌륭한 사람이다. 무엇이 두려운가? 당당히 두려움에 맞서고 그것을 마주하라. 자신을 믿고, 한 걸음씩 전진해 나가라.

　믿기지 않겠지만, 세계 최고의 베스트셀러 작가도 자신의 눈으로 바라본 자신의 원고는 형편없게 보인다. 자신의 작품이 형편없어서, 실패할 것이라는 두려움 때문에 자신의 작품을 쓰레기통 속에 버린 사람이 있다. 쓰레기통에 버려진 원고를 꺼내어 출판사에 보낸 아내가 없었다면, 세계 최고의 베스트셀러 작가는 탄생하지 못했을지도 모른다. 그의 작품은 지금까지 전 세계 35개국에 출간되었고, 총 3억부 이상이 팔렸다. 현재 지구상에 생존해 있는 작가 가운데 단연 1등이다. 그런 작가조차도 처음에는 글을 써서 얻는 수익이 극히 적었기 때문에 건물 경비원을 하고, 세탁 공장 노동자로 살았던 적이 있다는 사실을 명심하라.

　두려움은 누구에게나 발생한다. 시작은 누구나 미약하다. 필자도 그랬다. 정말 초라하기 그지없었다. 커피숍 구석에서 책을 썼다. 도서관 한쪽 구석에서 책을 썼다. 시작은 누구나 이렇다. 하지만 1년 후 당당히 자기계발 베스트셀러 작가가 되었다. 당신도 가능하다.

　[내 영혼을 위한 닭고기 수프]라는 책은 출간해 줄 출판사와 계약

이 이루어지기 전에 무려 130개의 출판사로부터 거절을 받았다. 자기 확신이 없는 사람은 중도에 포기한다. 그래서 책쓰기의 8할은 자신감이다. 당신이 쓴 원고가 130개 출판사로부터 거절당했다. 130개 출판사가 한목소리로 '당신의 원고는 출간될 만한 가치가 없습니다.'라고 평가했다. 당신은 어떻게 할 것인가? 만약에 세상이 이구동성으로 '당신은 절대 작가가 될 수 없습니다.'라고 말하면 어떻게 할 것인가? 그렇다고 해도 절대로 포기해서는 안 된다. 계속 전진해 나가야 한다.

당신이 작가가 될 수 있는지 없는지를 결정하는 것은 세상이 아니라 바로 당신 자신이기 때문이다. 그래서 자기 확신이 가장 필요한 것이다. 자기 확신은 실패를 딛고 승리로 나아가게 해 준다. 130개의 출판사에서 거절당한 이 책은 전 세계 39개 언어로 번역 출간되었고, 총 8백만 권이나 팔려나가는 초 베스트셀러가 되었다. 명심하자. 작가는 태어나는 것이 아니라 만들어지는 것이다. 그리고 그것을 만드는 것은 세상도, 타인도 아닌 바로 자신이다.

누구나 글을 쓸 수 있다. 그런데도 많은 사람이 책 쓰기에 도전하지 못 하는 이유는 무엇일까? 책 쓰기에 도전할 엄두도 내지 못하게 하는 네 가지 걸림돌이 있다. 책쓰기를 시작도 못 하게 하는 네 가지 걸림돌이라는 함정에서 벗어나야 한다.

첫째는 생각이 너무 많다. 과연 내가 글을 쓸 수 있을까? 지금 쓰고 있는 이 글을 세상이 받아줄까? 욕은 먹지 않을까? 이제 포기할까? 지금 잘 쓰고 있는 것일까? 이것이 책이 될까? 계약은 할 수 있을까?

출간은 할 수 있을까? 라는 너무나도 많은 생각에 매몰되어 버린다는 점이다. 당신이 버려야 할 것은 도움이 되지 않는 생각들이다. 생각을 버려라. 초심으로 돌아가라. 생각을 끊어라.

둘째는 정작 쓰는 행동보다는 준비나 조언만 구하면서 아까운 세월을 낭비한다. 성공하는 사람들은 말도 없이, 기색도 하지 않고, 그저 시작하고 쓴다. 쓰는 사람이 작가다. 생각만 하는 사람은 작가가 아니다. 실패하는 사람들은 글을 쓰기 십 년 전부터 조언을 구하고, 어마어마한 준비를 하고, 생각만 한다. 명심하라. 가벼울수록 더 높게 날 수 있다. 너무 많은 조언이나 준비는 오히려 걸림돌이 된다. 그냥 시작하는 사람이 더 낫다. 작가는 쓰는 사람이다.

셋째는 너무 완벽한 때를 기다린다. 68억 인류가 모두 찬사를 보낼 수 있을 정도의 완벽한 시나리오를 쓸 수 있는 그런 영감을 기다리고 또 기다린다. 백 명에게 물어봐서 모두 좋다고 고개를 끄덕이게 할 수 있는 그런 주제를 기다리고 또 기다린다. 또한, 어떤 글이든 마음대로 써낼 수 있는 집필의 신이 될 때까지 기다리고 또 기다린다. 제발 기다리지 마라. 가장 좋은 때는 바로 지금이다. 단 한 명도 찬사를 보내지 않더라도, 지금 당장 책을 쓰는 사람이 더 성장하고, 성공한다. 책쓰기에 가장 완벽한 때는 지금이다. 절대 기다리지 마라.

넷째는 너무 기준을 높게 잡는다. 단 한 권의 책도 출간하지 못한 사람일수록 완벽한 글을 쓰려고 한다. 제일 먼저 한 문장을 쓴 다음에 그 문장이 자신의 마음에 쏙 들지 않으면 더는 글을 쓰려고 하지 않는다. 그 첫 번째 문장을 수십 번도 더 쓰고 또다시 쓴다. 결국, 그날

48분 기적의 책쓰기 : 하루 10문장이 1년 후에는 책 한 권이 된다

글쓰기는 더는 진전이 없게 된다. 마음을 비우고 책을 써야 많이 쓸 수 있고, 매일 쓸 수 있다. 매일 쓰는 사람이 성장하고 성공한다.

　제4부. 48분 책쓰기 필승 노하우 & 책쓰기 비법 _ 책쓰기 특강

"다른 어떤 일을 할 때도 마찬가지겠지만 글쓰기를 하고 싶다면 일정한 기술이 필요하다. 훌륭한 타자가 되고 싶다면 투수가 던진 공에 시선을 집중하는 법이나 올바로 타격하는 법을 배울 필요가 있다. 뛰어난 피아니스트가 되고 싶다면 악보를 읽고 건반 위에서 손가락 움직이는 법을 배울 필요가 있다. 이렇게 운동선수나 음악가와 마찬가지로 글 쓰는 사람 역시 글을 잘 쓰기 위해서는 일정한 기술이 필요하다는 말이다." 〈바버라 베이그, [하버드 글쓰기 강의], 10쪽〉

제 4 부

48분 책쓰기 필승
노하우 & 책쓰기 비법
_ 책쓰기 특강

제 7 장

누구보다 쉽게
책 쓰는 비법 5가지

"다른 어떤 일을 할 때도 마찬가지겠지만 글쓰기를 하고 싶다면 일정한 기술이 필요하다. 훌륭한 타자가 되고 싶다면 투수가 던진 공에 시선을 집중하는 법이나 올바로 타격하는 법을 배울 필요가 있다. 뛰어난 피아니스트가 되고 싶다면 악보를 읽고 건반 위에서 손가락 움직이는 법을 배울 필요가 있다. 이렇게 운동선수나 음악가와 마찬가지로 글 쓰는 사람 역시 글을 잘 쓰기 위해서는 일정한 기술이 필요하다는 말이다." 〈바버라 베이그, [하버드 글쓰기 강의], 10쪽〉

비법 1:
능동형으로 리듬감을 살려라

누구보다 쉽게 책 쓰는 비법 중 하나는 '능동형으로 리듬감을 살리는 것'이다.

좋은 문장은 어떤 문장인가? 한 마디로 간결하면서 리듬이 넘치는 문장이다.

왜 그럴까? 간결하면서 동시에 리듬이 있는 문장이어야 독자들이 쉽게 빠져들기 때문이다. 피동 표현을 과도하게 사용한 문장은 리듬감을 파괴하고, 원래 우리 글이 아닌, 번역 투 표현의 영향을 많이 받았다. 피동 표현은 우리 글의 우수한 리듬감을 사라지게 한다.

'대통령과 만남이 이루어졌다.'라는 표현보다는 '대통령을 만났다.'가 더 리듬감이 살아난다. 후자가 더 간결하기도 하다.

'대한민국의 미래가 눈부시게 발전되어질 것으로 여겨진다.'라는 표현보다는 '대한민국의 미래가 눈부시게 발전할 것 같다.'가 더 간결하고 리듬을 타기 좋은 문장이다.

'선생님에 의해 던져진 야구공이 하늘 높이 날아갔다.'라는 피동 표현보다는 '선생님이 던진 야구공이 하늘 높이 날아갔다.'가 더 산뜻한 문장이고 간결한 문장이고 좋은 문장이다.

그렇다면 나쁜 문장은 어떤 문장일까?

그것은 독자들이 문장을 읽으면서 한 편으로는 다른 생각을 하게 만드는 문장이다. 이런 문장이 가장 나쁜 문장이다. 독자들이 딴짓하도록 만들기 때문이다. 작가는 독자들이 자신의 책에 빠져들게 해야 한다. 그것이 작가의 본분이다. 독자들이 빠져들지 않으면 그 책은 살아남지 못한다. 독자들이 빠져들게 하는 가장 쉬운 방법은 간결하고 리듬감이 있는 문장을 쓰는 것이다.

나쁜 문장은 길고 재미없고 복잡한 문장이며, 이해하기 힘든 어려운 문장이며, 무미건조하고 죽어있는 기계적인 문장이다. 이런 문장과 전혀 다른 문장 스타일로 대성한 작가가 있다. 바로 무라카미 하루키다.

그의 문장의 가장 큰 특징은 리듬감이다. 그의 문장은 평이하다. 하지만, 그것을 극복하게 해 주는 것은 그의 리듬감이었다. 하루키는 늘 '글에선 리듬감이 가장 중요하다.'라고 말했다.

"4월의 어느 맑은 아침, 하라주쿠의 뒷길에서 나는 100퍼센트의 여자와 스쳐 지나간다. 그다지 예쁜 여자는 아니다. 멋진 옷을 입고 있는 것도 아니다.

"놀랐잖아, 난 줄곧 너를 찾아다녔단 말이야. 네가 믿지 않을지도 몰라도, 넌 내게 있어서 100퍼센트의 여자아이란 말이야"라고 소년은 소녀에게 말한다.

"너야말로 내게 있어서 100퍼센트의 남자아이인걸"하고 소녀는 소년에게 말한다.

두 사람은 공원 벤치에 앉아 질리지도 않고 언제까지나 이야기를 계속한다. 두 사람은 이미 고독하지 않다. 자신이 100퍼센트의 상대를 찾고, 그 100퍼센트의 상대가 자신을 찾아준다는 것은 얼마나 멋진 일인가." 〈무라카미 하루키, [4월의 어느 맑은 아침에 100퍼센트의 여자를 만나는 것에 대하여]〉

그렇다. 하루키는 간결하게 문장을 작성하여, 글에 리듬감을 부여한다. 이것의 그의 감각이다. 문장에 리듬을 넣기 위해 가장 쉬운 방법은 간결한 문장을 만드는 것이다. 하지만 내용적인 측면도 무시해서는 안 된다. 내용상으로 수동형의 문장은 피동의 의미이기 때문에, 리듬감이 줄어든다.

세계 문학 사상 가장 특이한 책으로 평가받는 헨리 데이비드 소로의 [월든]에 나오는 이 문장도 살펴보면 많은 공부가 될 것이다.

"이 호수들은 너무 순수하므로 그 가치를 측정할 수 없다. 이들에겐 더러운 것이라고는 전혀 없다. 이 호수들은 우리들의 인생보다 얼마나 더 아름다우며 우리들의 인격보다 얼마나 더 투명한가! 이들은 우리 앞에서 비천한 모습이라고는 손톱만큼도 보이지 않는다. 농부의 집 앞에 오리들이 헤엄치는 물웅덩이보다 얼마나 더 깨끗한가! 이곳에는 깨끗한 야생 물오리가 찾아온다. 자연에는 자연을 이해해주는 인간의 주민이 없다. 아름다운 깃털을 지닌 새들은 노래를 부르며 꽃들과 함께 조화를 이룬다. 그러나 어떤 청년이나 처녀가 자연의 야성적이고 풍요로운 아름다움과 호흡을 같이하는가? 자연은 이들이 사는 도시에서 멀리 떨어져 홀로 활짝 피어난다. 자연을 놓아두고 천국을 이야기하다니! 그것은 지구를 모독하는 짓이 아니고 무엇이겠는가?"〈헨리 데이비드 소로, [월든], 299~300쪽〉

세계의 역사를 바꾼 책이라고 평가받는 소로우의 또 다른 책 [시민의 불복종]에 보면 멋진 문장들이 나온다. 리듬을 느껴보라.

"우리는 먼저 인간이어야 하고, 그다음에 국민이어야 한다고 나는 생각한다. 법에 대한 존경심보다는 먼저 정의에 대한 존경심을 기르는 것이 바람직하다. 내가 떠맡을 권리가 있는 나의 유일한 책무는, 어떤 때이고 간에 내가 옳다고 생각하는 일을 행하는 일이다. 단체에는 양심이 없다는 말이 있는데 그것은 참으로 옳은 말이다. 그러나 양심적인 사람들이 모인 단체는 양심을 가진 단체이다. 법이 사람들을 조금이라도 더 정의로운 인간으로 만든 적은 없다. 오히려 법에 대한 존경심 때문에 선량한 사람들조차도 매일매일 불의의 하수인

이 되고 있다."〈헨리 데이비드 소로, [시민의 불복종], 21쪽〉

문장에서 가장 중요한 품사는 동사다. 동사의 종류와 성격에 따라 문장의 모든 것이 달라진다. 독자들은 능동형 문장을 더 좋아하고, 열광한다. 우리 글에 수동형은 존재하지 않는다. 우리 글에는 능동형이 제격이다. 하지만 영어를 공부하는 사람이 많아지면서, 영어의 수동태를 번역하다 보면, 수동태 문장을 자신도 모르게 많이 쓰게 된다. 이것이 하나의 병폐다.

리듬감을 살리기 위해 작가가 해야 할 것은 불필요한 조사와 표현을 버리고, 문장을 간결하고 짧게 작성하는 일이다.

'사랑에 관한 문제는 생존에 관한 문제로 확장된다.' 이 문장을 간결하게 만들고, 리듬감을 살려보자. '사랑의 문제는 생존의 문제다.' '사랑 문제는 생존이다.' '사랑은 생존 문제다.' '사랑은 생존이다.' 등으로 바꾸면 훨씬 더 간결해진다. 리듬을 타기도 더 쉽다. 불필요한 표현을 사용하지 마라. 문장은 짧게 쓰는 것이다.

조금 더 어렵지만, 훌륭한 방법도 있다. 한국경제신문 '홍성호 기자의 열려라! 우리말' 이라는 코너에 실린 내용이다.

'부사어를 사용해서, 수식을 받는 서술어를 도드라지게 하면, 전체 구성에 운율이 생긴다. 문장에 힘이 생기고 글도 자연스럽게 흘러간다. 주어를 바꾸고 부사어를 활용해 능동형으로 쓰는 게 요령이다.'

'지금의 강남 아파트 가격 고공행진이 계속될 수 있을지 의문이다.'

이 문장을 제대로 고치면 이렇다.

'지금처럼 강남 아파트 가격이 계속 고공 행진할 수 있을지 의문이다.'

지금처럼 이라는 부사어를 사용했고, '고공행진이 계속되다'라는 수동형을 '계속 고공행진을 하다'라는 능동형으로 바꾼 것이 핵심이다.

비법 2:
독자들과 눈높이를 맞춰라

누구보다 쉽게 책 쓰는 비법 중의 하나는 독자들과 눈높이를 맞추는 것이다. 눈높이를 맞추지 않고 책을 쓰면 어떤 문제가 발생할까? 독자와 눈높이를 맞추지 않고, 책을 쓰면, 먼저 작가의 수준에 맞는 단어를 사용하게 된다. 독서법 저자라면 독서법에 관한 의식과 수준, 경험과 지식, 정보와 기술 등이 일반인보다 상당히 높다. 그래서 자신의 수준에 맞게 책을 쓰면, 결국 독자들은 읽기 힘들고 이해도 어려워진다.

독자들은 쉽고 재미있는 책을 좋아한다. 어렵다는 것은 그 자체만으로도 실격이다. 머리가 아프기 때문이다.

독자들의 수준을 파악하여, 그것에 맞는 단어와 표현을 사용하라. 독자들은 이런 책을 좋아한다. 쉽게 써야 독자들이 몰린다. 어렵게 쓰면 아무도 그 책을 읽지 않는다. 어떤 분야든, 책을 쓸 때, 저자는 일반인보다 더 많은 경험이나 지식이나 정보를 가지고 있다. 그래서 수준을 낮추어 쓰는 것은 저자 본인도 쉽게 책을 쓸 수 있다는 이점도 있다. 일거양득이다. 독자들의 눈높이에 맞추어 쓰면 작가도 책을 쓰는 것이 쉬워지고, 독자도 읽기 쉬워진다.

책을 쓰기 전에 먼저 독자를 생각해야 한다. 독자들은 어떤 책을 좋아할 것인지? 어떤 고민을 하고 있는지? 독자들이 가장 많이 사용하는 단어, 표현은 어떤 것인지? 독자의 머릿속에는 온종일 어떤 단어가 들어가 있는지? 독자들에게 가장 중요한 이슈는 무엇인지? 독자들을 100% 파악한 작가는 책을 쉽게 빨리 잘 쓸 수 있다. 하지만 독자들에 대해 아무 생각도 없는 작가들, 자기 할 이야기에만 관심이 있는 작가들은 책쓰기가 힘들고 느리고 어렵다.

책쓰기는 활을 쏘는 것과 같다. 궁수가 명중하기 위해서는 과녁을 정확히 봐야 한다. 위치와 거리, 그리고 풍향, 풍속 등을 모두 알아야 한다. 책을 쓰는 작가에게도 이것이 필요하다. 과녁의 위치와 거리는 독자들이다. 독자들의 고민, 독자들의 관심, 독자들의 단어, 독자들의 생각이다. 독자들과 눈높이를 맞추라는 것은 과녁이 어디에 있는지를 정확히 보라는 것이다. 풍향과 풍속은 사회적 분위기와 트렌드(trend), 추세, 사회적 이슈다.

독자들의 고민과 관심, 단어와 생각을 모두 꿰고 있는 작가는 더 쉽게 독자를 사로잡을 수 있다. 이미 전쟁에서 이겨놓고 싸움을 시작하라는 손자의 조언에 딱 들어맞는 전략이다. 독자들과 호흡을 맞추고 독자들과 눈높이를 맞춰라. 그러면 책쓰기가 훨씬 쉬워진다.

독자들은 이런 책을 좋아한다. 자신의 고민을 이미 다 알고 있고, 자기 생각과 관심거리가 다 담겨 있는 책을 싫어할 수가 없다. 자신들이 평소 사용해 왔던 친근한 단어와 표현이 있는 책은 친구를 만난 것처럼 신나는 일이다. 자신의 일기장을 보는 것과 같은 친근감이 들 것이다.

작가 중심이 아닌 독자 중심의 책을 써라. 이런 책은 술술 잘 읽힌다. 책은 이래야 한다. 절대로 어렵게 쓰면 안 된다. 어려운 책보다 쉬운 책이 더 좋은 책이다. 쉬운 책을 쓰기 위해 작가는 먼저 독자의 수준으로 내려가야 한다. 독자들이 사용하는 언어를 사용하고, 독자들이 쉽게 이해할 수 있는 문장 표현을 사용해야 한다.

책을 잘 쓰는 기술은 인간이 살아가면서 배우고 익혀야 하는 가장 중요한 기술 중에 하나다. 특히 지도자가 되고, 더 크게 성공하고자 한다면, 반드시 갖춰야 할 기술 중에 하나다. 책을 쓰기 위해, 과거에는 원고지 작성법도 배워야 했다. 하지만 이제는 노트북이나 컴퓨터로 책을 쓴다. 이렇게 되면 더는 원고지 작성법을 배울 필요가 없다. 책쓰기가 여러 면에서 간편해졌고, 쉬워졌고, 빨라졌다는 이야기다. 좋은 작가가 되기 위한 자질 중의 하나는 원고지 작성법을 배우는 것이 아니라 독자들과 눈높이를 맞출 줄 아는 자세다.

독자들이 사용하는 쉽고 정확한 단어를 많이 사용하는 작가인가? 아니면 고집스럽게 작가 중심의 어렵고 난해한 단어를 많이 사용하는 작가인가? 선택은 당신의 몫이지만, 그 선택에 따라 책쓰기의 즐거움과 성과, 모든 것이 달라진다.

즐겁고 재미있게 게임을 하듯 책을 쓰는 방법도 있고, 어렵고 힘들고 무겁게 책을 쓰는 길도 있다. 게임을 하듯 책을 쓰는 방법은 독자의 처지에서 독자가 되어, 독자의 머리와 단어로 책을 쓰는 것이다.

작가 중심의 어렵고 애매한 단어는 결국 문장이나 글을 어렵고 애매하게 만든다. 글쓰기의 대원칙은 전달이라고 앞에서 말했다. 제대로 된 전달, 빠른 전달, 정확한 전달을 위해서 작가가 사용하는 단어는 쉽고 정확해야 한다. 쉽고 정확한 단어의 기준은 작가가 만드는 것이 아니다. 독자들이 결정한다. 결국, 쉽고 정확한 단어는 독자들이 매일 사용하는 단어다.

쉽고 정확한 단어는 이해하기 쉬운 문장을 끌어내고, 이해하기 쉬운 문장은 좋은 책을 끌어낸다. 독자들에게 술술 읽히는 책이 좋은 책이다.

비법 3:
군더더기를 버리고, 뼈대만 남겨라

화사첨족(畵蛇添足)이란 말이 있다. 뱀을 다 그리고 나서 있지도 않은 발을 덧붙여 그려 넣는다는 뜻이다. 쓸데없는 짓을 하여 도리어 작품을 망치는 것이다. 책을 쓸 때도 마찬가지다. 책을 쓸 때, 본문을 작성할 때 가장 큰 실수는 사족(蛇足)을 다는 것이다.

사족이 있는 본문은 독자들을 늘어지게 하고, 긴장감을 떨어뜨린다. 독서의 재미를 빼앗아가 버린다. 좋은 본문일수록 사족이 없고, 깔끔하고 간결하다. 좋은 본문을 보면, 무엇하나 덜어낼 게 없다.

누구보다 쉽게 책을 쓰는 방법은 군더더기를 버리고 뼈대만 남기는 것이다. 이런 책을 독자들이 좋아한다. 군더더기가 없는 깔끔한 본문은 출판사 편집자도 좋아한다. 군더더기가 많을수록 독자들도 싫어한다.

군더더기가 많은 본문은 싫증 나고 지루하기 때문이다. 독자들을 지루하게 만드는 것 중에 군더더기 표현보다 더 강력한 것도 없다. 독자들의 시간과 노력을 더 많이 요구하고, 낭비한다. 군더더기가 없어야 독자들이 빠져든다. 군더더기 본문은 나사가 빠진 것처럼 독자들의 호흡을 끊어놓고, 긴장감이 느슨해지게 만든다. 한 마디로 최악의 본문이다.

군더더기가 많은 본문은 책을 엉성하게 만든다. 책이 단단해야 독자들을 사로잡을 수 있다. 책이 단단하지 않으면 독자들에게 금방 외면당한다. 이것은 자연의 순리다. 꽃도 향기를 내고, 아름다워야 나비가 몰려든다. 책도 향기를 내고, 아름다워야 한다. 군더더기가 없는 깔끔한 본문이 아름답다. 그래야 향기가 난다.

수박을 10배 정도 더 크게 하면 어떻게 될까? 단맛이 하나도 나지 않고, 수박의 원래 맛이 나지 않아서 맛있게 먹을 수 없다. 책 쓰기도 이와 다르지 않다. 절대 부풀리지 마라. 압축할수록 다이어트를 할수록 독자들이 열광한다.

노래 실력으로 승부를 결정짓는 가수 지망생들을 위한 오디션 프로그램을 보면 가장 혹독한 평가는 이것이다.

"제발 겉멋을 빼고, 노래를 불러라"

책쓰기도 이와 마찬가지다. 오히려 책쓰기는 더 겉멋을 빼야 한다. 잔뜩 겉멋만 들어있는 책쓰기를 하는 친구들이 있다. 이들은 화려한 본문 쓰기, 길고 복잡한 본문 쓰기, 다른 사람에게 과시하려고 하는 그런 본문 쓰기를 즐기는 이들이다. 이런 작가 지망생들에게 소개해 주고 싶은 문장가가 있다. 19세기 독일 최고의 문장가인 쇼펜하우어 와 니체다.

당대 최고의 문장가들이었던 그들은 문장과 문체에 대해서 어떤 생각을 했을까? 그들이 남긴 말을 살펴보자.

"문체는 정신의 관상이다. 정신의 관상은 신체가 주는 인상 이상으로 진실하다. 타인의 문체를 모방하는 것은 가면을 쓰고 다니는 것과 같다. 가면은 아무리 아름답더라도 생명이 없으므로 곧 식상해지고 견딜 수 없게 된다. 그러므로 아무리 추하게 생겼다 해도 생기 있는 얼굴이 가면보다 더 낫다."〈쇼펜하우어, 니체 [쇼펜하우어와 니체의 문장론] 중에서〉

"다시 말해 문체에 대한 가르침은 열정을 극복한 인간, 진심으로 감동하고, 정신적으로 즐겁고 밝으며 솔직한 인간의 기분에 대한 표현을 얻게 해 주는 가르침이다. 이것이 가장 좋은 문체에 대한 가르침일 것이다. 좋은 문체는 좋은 인간에게서 나온다."〈쇼펜하우어, 니체 [쇼펜하우어와 니체의 문장론] 중에서〉

두 문장가가 우리에게 해 주는 조언은 이렇다. 가면을 쓰지 말고, 솔직하게 자신을 표현하라는 것이다. 그렇다. 군더더기가 많아지는 이유도 이것이다. 자꾸 가면을 쓰고, 연출을 하려고 하고, 더 잘 보이려고 노력하기 때문이다. 솔직하게 자신의 감정과 생각을 표현하는 것이 가장 좋다. 세계적인 작가일수록 화려하고 겉멋이 들고 꾸미려고 하는 그런 화려한 글쓰기를 멀리하고, 솔직담백하고, 심플한 글쓰기를 하고 있다.

그렇다면, 군더더기는 어떤 것들이 있을까? 가장 대표적인 군더더기 표현은 불필요한 표현이다. 접속사, 부사, 형용사가 대표적이다. 물론 때에 따라서는, 필요에 따라서는 사용해야 한다. 하지만 80% 이상의 경우 생략하는 것이 문장이 더 명료해지고 깔끔해진다. 특히 접속사는 더 그렇다.

오죽했으면, 이런 말도 있다. '형용사는 작가의 적이다.' 실제로 이런 말을 하는 작가도 있다. 필자는 여기서 한술 더 나간다. '접속사, 형용사, 부사 이 세 가지는 작가의 원수다.'라고 말하고 싶다. 실제 책쓰기 수업할 때 늘 강조하는 말이다.

왜 접속사, 부사, 형용사를 멀리해야 할까? 접속사, 부사, 형용사가 문장의 맛을 빼앗아가 버리고, 리듬감을 없애고, 독자의 호흡을 끊어버리고, 문장의 뜻을 흐리게 하고, 문장과 문장이 구속당하게 만들고, 술술 읽히지 못하게 걸림돌이 되기 때문이다. 문장에 접속사, 부사, 형용사가 많을수록 문장이 늘어지고 나사가 빠진 것처럼 느슨해지기 때문이다. 그렇게 늘어지고 느슨해진 문장을 읽는 독자들의 심정은 어떨까? 맥 빠지고 재미없고 지루해진다. 독자의 처지에서 보면 최악의 문장이다.

목소리도 나쁘고, 음치인 사람의 노래를 한 시간 이상 계속 들어야 한다면, 당신의 고통은 어느 정도일까? 군더더기 표현으로 가득 찬 책을 읽게 하는 것은 이보다 더 심한 고통을 독자에게 전가한다.

기량 있는 목수는 못을 사용하지 않는다. 최고의 목수는 못을 최소로 사용하여, 집 한 채를 짓는다. 프로가 될수록 못 대신 나무만으로 아귀를 맞추어 나무와 나무가 견고하게 이어지고 고정되게 만든다. 글쓰기도 마찬가지다. 접속사, 형용사, 부사는 생략할수록 좋다. 접속사와 형용사, 부사를 최대한 줄이는 글쓰기는 마치 조미료를 사용하지 않는 담백한 요리와 같다. 시간이 지나고 문장을 음미할수록 우러나오는 깊은 맛이 문장과 글의 맛과 멋을 결정한다. 이 사실을 우리는 기억할 필요가 있다. 글쓰기는 절대 다다익선이 아니다. 많으면 많을수록 좋은 것이 아니다. 책쓰기는 그 반대다. 사족이 없으면 없을수록 좋다.

비법 4:
이중표현, 부정표현을 피하라

책쓰기는 전달이다. 책, 문장은 왜 탄생하게 되었을까? 과거에는 사냥이 주업이었고, 여기저기 이동하면서 살았다. 그런데 어떤 우물의 물을 마셨는데, 누군가가 죽었다. 사냥하기 위해 이곳을 떠나야 하는 사람들이 다음에 오는 다른 사람을 위해 이 사실을 알려야 했다.

'우물에 독이 있다. 마시면 죽는다. 절대 마시지 말 것!'

이 메시지를 어떻게 전하면 될까? 사람이 남아서 마냥 기다릴 수만은 없었다. 그래서 글이 탄생했다. 책도 마찬가지다. 누군가가 평생 노력해서 터득한 기술, 노하우, 비법, 좋은 아이디어 등을 다음 사람에게 알리기 위해 탄생한 것이 책이다. (필자가 생각하는 하나의 가설이

다) 그렇다면, 문장과 책의 가장 중요한 기능은 전달이다. 글과 책은 내용의 전달을 위해 탄생했다.

그렇다면, 어떻게 독자들에게 더 효과적으로 글과 책을 쓰는 이의 의사를 전달할 수 있을까? 의사 전달을 위한 글쓰기와 책쓰기에서 가장 중요한 것은 꼭 필요한 것만 쓰는 것이다. 무엇이든 정확하게 쓰는 것이 중요하다. 더도 덜도 말고, 정확하게 써야 한다. 책쓰기는 그래야 한다. 그래야 전달이 잘 된다.

위의 문장을 이중표현과 부정표현으로 온갖 미사여구를 넣어서 길게 만들어 보자.

'우리에게 생존을 보장하는 고맙고 친절한 이 아름다운 우물에 독이 없다고는 할 수 없다. 독이 없는 것은 분명 아닐지도 모른다. 독이 없다고 생각하고 확신하는 사람도 있을 수 있다. 어제 마셨는데 멀쩡하다고 말하는 사람도 나타날 수 있다. 어떤 사람이라도 마시면 다 죽는다고 말할 수는 없을지도 모른다. 마시든 안 마시든 당신의 선택이고 당신의 몫이다. 선택권은 인권이다. 그러므로 마음대로 하시라. 인명은 재천이다. 살 사람은 살고, 죽을 사람은 죽겠지! 행운을 빈다.'

자. 어떤가? 이중표현과 부정표현을 사용하여 문장을 꾸미고 다듬어 길게 쓰면, 결국 정확한 메시지 전달이 방해된다. 정말 말하고자 하는 메시지는 '이 물에 독이 있으므로 절대 마시지 마라.'라는 것인데, 여기에 여러 가지 이중표현과 부정표현을 추가하면, 메시지가 '인

명은 재천이다' 라는 것인지, '행운이 중요하다' 라는 것인지, '생존을 보장하는 고맙고 친절한 우물의 역할'이라는 것인지 정말 헷갈리게 된다.

책쓰기에 있어서 가장 중요한 것은 메시지의 전달이다. 그러므로 불필요한 표현을 사용하지 않는 것이 이렇게도 중요하다. 독자들이 헷갈리면 안 된다. 독자들을 헷갈리게 만드는 책은 최악의 책이다. 책의 기본적인 기능을 다 하지 못하기 때문이다.

글 쓰는 이가 부정표현과 이중표현을 많이 사용하면 의사 전달이 더 효과적으로 될까? 아니다. 오히려 그 반대다. 특히 실용서나 자기계발서를 쓰는 작가들은 주의해야 한다.

부정표현, 이중표현을 자주 사용하면 내용 전달이 약해지고, 핵심 메시지가 흐려진다. 그뿐만 아니라 글 쓰는 이가 소극적이고 부정적으로 인식될 수 있다. 힘있는 글쓰기가 되지 않는다. 그러므로 부정문보다는 긍정문을 쓰는 것이 여러 측면에서 유익하다.

부정표현, 이중표현을 자주 사용하면 문장이 혼란스럽게 된다. 이중 삼중으로 독자들은 해석해야 한다. 이중 삼중으로 해석하는 번거로움을 좋아하는 독자는 없다.

글쓰기는 간결해야 하고, 문장은 탄탄해야 한다. 이중표현, 부정표현이 많이 포함된 문장일수록 상투적인 표현이 될 가능성이 크다. 그뿐만 아니라 정보 전달 능력이 급격하게 떨어지는 것은 말할 필요도 없다. 사실 이것이 더 치명적이다.

문장이 강조되기보다, 오히려 글 쓰는 사람의 의도가 무엇인지 헷갈리게 만든다. 간접적인 느낌을 주기 때문에 힘이 없는 문장, 모호한 문장으로 전락하기 쉽다. 부정문과 부정표현을 독자들은 알게 모르게 거부하고 싫어한다. 독자들은 절망보다는 희망을, 부정보다는 긍정을 좋아한다. 그래서 긍정과 희망이 담긴 문장을 써야 한다. 그런 느낌이 드는 문장을 쓰는 것도 중요하다.

이중표현, 부정표현을 피해야 하는 또 다른 이유는 경제성의 원칙 때문이다. 책쓰기의 경제성은 일곱 단어로 표현이 가능한 문장을 여덟 단어로 표현해서는 안 된다는 원칙이다. 종이 낭비이고, 시간 낭비이고, 단어 낭비이기 때문이다. 책쓰기의 경제성을 위반하는 가장 대표적인 사례가 이중표현과 부정표현이다. 이중표현과 부정표현을 사용하지 않을 때 가장 경제적인 책이 만들어진다. 책쓰기의 경제성 원칙은 현대 책쓰기를 하는 작가들이 지켜야만 하는 몇 가지 안 되는 책쓰기 원칙 중에 하나다.

제4부 48분 책쓰기 필승 노하우 & 책쓰기 비법 : 책쓰기 특강

비법 5:
문장을 쉽게 잘 쓰는 2가지 원칙

    쉽게 문장을 잘 쓰는 2가지 원칙이 있다. 첫 번째는 '문이사의(文以寫意)'고, 두 번째는 '명료함'이다. 이 두 가지 원칙만 지킨다면, 당신도 문장을 쉽게 잘 쓸 수 있다.

    첫 번째 원칙인 '문이사의(文以寫意)'는 문장에서 가장 중요한 것은 아름다움이 아니라 내용이고, 뜻이라는 사실이다. 하나의 문장에는 하나의 의미만 존재해야 한다. 그래야 뜻이 잘 전달될 뿐만 아니라 책을 쓰는 이가 정확하게 쓸 수 있기 때문이다. 이 원칙만 지켜도 문장 쓰기가 쉬워지고, 잘 쓸 수 있다.

    조선 시대 문장가인 박지원이 만년에 지은 책이 [공작관문고자서]이다. 여기에 보면, 이런 대목이 나온다.

'글이란 뜻을 나타내면 그만일 뿐이다. 제목을 놓고 붓을 잡은 다음 갑자기 옛말을 생각하고 억지로 고전의 사연을 찾으며 뜻을 근엄하게 꾸미고 글자마다 장중하게 만듦은, 마치 화가를 불러서 초상을 그릴 적에 용모를 고치고 나서는 것 같다.'

여기에 나온 첫 문장이 '문이사의(文以寫意)'이다. '글이란 뜻을 전달하면 그만이다' '글이란 모름지기 뜻만 전달하면 충분하다' 글쓰기에서 가장 중요한 것은 형식이나 아름다움이 아니다. 내용이고, 뜻이다.

세계적인 베스트셀러 작가 스티븐 킹은 문장을 꾸미는 것을 쓸데없는 짓이라고 말했다.

"글쓰기에서 정말 심각한 잘못은 낱말을 화려하게 치장하려고 하는 것이다. 쉬운 낱말을 쓰면 어쩐지 좀 창피해서 굳이 어려운 낱말을 찾는 사람들이 있다. 그런 짓은 애완동물에게 야회복을 입히는 것과 마찬가지다. 애완동물도 부끄러워하겠지만 그렇게 쓸데없는 짓을 하는 사람은 더욱 부끄러워해야 한다." 〈스티븐 킹, [유혹하는 글쓰기] 중에서〉

글을 꾸미지 마라. 이것이 쉽게 잘 쓰는 방법이다. 글을 꾸미게 되면, 문장이 복잡해지고 어려워진다. 복잡하고 어려운 글을 좋아하는 독자는 단 한 명도 없다. 글을 꾸미지 않는 것이 백번 유익하다. 글을 꾸미면 안 되는 또 다른 강력한 근거는 문장의 기능 때문이다. 그렇다. 글의 가장 큰 본질과 기능은 의미의 전달이다. 동양의 현인 공자도 이것을 강조했다.

'말이나 글은 뜻을 전달하면 그만이다. (문이사의(文以寫意))'
〈공자, [논어] '위령공'〉

프랑스의 소설가이자 실존주의 철학자인 장 폴 사르트르도 문장을 꾸미지 말라고 조언한다.

'문장은 꾸밀 필요 없다. 문학을 경계할 것, 펜 가는 대로 써야 한다.'〈사르트르, [구토] '월요일'〉

글을 쉽게 잘 쓰는 두 번째 원칙은 '명료함'이다. 명료함의 원칙은 문장 쓰기에서 가장 중요한 대원칙이다. 문장을 쓸 때 반드시 지켜야 할, 가장 중요한 원칙이다. 문장은 복잡하면 안 된다. 문장은 명료해야 한다. 문장이 길고 장황할 때, 최악의 문장이 된다. 간결하고 명료한 문장이 최고의 문장이다. 그런데 문제가 있다. 명료하게 글을 쓴다는 것은 결코 쉬운 것이 아니기 때문이다. 명료하게 글을 쓰는 일은 결코 명료한 일이 아니다. 정말 어렵고 복잡한 일이다. 초보자가 쉽게 할 수 없는 최고의 글쓰기 기술이다. 글쓰기를 시작해보면 이 말을 깨닫게 될 것이다.

"이것이 좋은 글쓰기의 핵심이다. 이 책이 말하고자 하는 가장 중요한 두 가지가 여기에서 나온다. 바로 인간미와 온기다. 좋은 글에서는 독자를 한 문단에서 다음 문단으로 계속 나아가도록 붙잡는 생생함이 있다. 이것은 자신을 꾸미는 기교의 문제가 아니다. 가장 명료하고 힘 있는 언어를 사용하는 방식의 문제다. 그런 원칙은 가르칠 수 있는 것일까?" 어려울지도 모른다. 하지만 그런 원칙은 대개 익힐 수 있는 것들이다."〈윌리엄 진서, [글쓰기, 생각쓰기], 18쪽〉

글은 명료하게 써야 한다고 주장한 사람이 한두 명이 아니다. 대표적인 인물이 알베르 카뮈, 아리스토텔레스, 비트겐슈타인이다. 이들은 모두 명료함의 원칙을 강력하게 강조한 이들이다.

"문장의 제1 요건은 명료함이다."〈아리스토텔레스, [에우데모스 윤리학]〉

"말로 할 수 있는 것은 명료하게 말하고, 할 수 없는 것은 침묵해야 한다."〈비트겐슈타인, [논리, 철학 논고] 서문〉

"분명하게 글을 쓰는 사람에게는 독자가 모이지만 모호하게 글을 쓰는 사람에게는 비평가만 몰려들 뿐이다."〈노벨문학상 수상 작가 알베르 카뮈〉

말을 할 때나 문장을 쓸 때 조심해야 할 것은 애써서 꾸미려고 하는 것이다. 공자는 이것을 교언영색이라는 말로 경계했다. 책은 진솔해야 한다. 아름답고 화려하고 세련된 문장으로 글을 꾸미는 것은 재앙과 다름없다고 허균도 경계했다. 애써서 꾸미려고 하니까 문장 쓰기가 애를 먹이고, 어려워지는 것이다. 애쓰지 마라. 꾸미지 마라. 허균은 여기서 한 발자국 더 나간다.

"어렵고 교묘한 말로 글을 꾸미는 건 문장의 재앙이다." 〈홍길동전〉의 저자 허균

그렇다. 문장을 꾸미는 것은 재앙을 초래한다. 꾸미는 것은 작가도, 독자도, 책도 다 망치기 때문이다. 명심하라. 문장은 뜻만 잘 전달하고, 명료하면 된다. 그것이 문장 쓰기의 전부다. 독자들이 가장 좋아하는 문장은 아름다운 문장이 아니다. 술술 잘 읽히는 간결하고 명료한 문장이다. 중국의 유명한 문장가인 유협도 이런 말을 한 것이다.

"간결한 문장이 아름답다."

간결한 문장은 '문이사의(文以寫意)'와 '명료함', 두 가지 원칙에서 탄생한다.

제4부 48분 책쓰기 필승 노하우 & 책쓰기 비법 : 책쓰기 특강

제 8 장

48분 책쓰기
이렇게 시작하라

"이제 작가 평준화 시대가 되었다. 더 글을 잘 쓰는 사람이 특권을 누리는 시대가 아니다. 글을 잘 쓰지 못하면 손해를 보는 시대가 되었다. 글과 책이 지식과 정보의 전달에서 벗어나, 삶을 나누고 기쁨을 나누고 재미와 즐거움을 전달하고, 인생을 풍요롭게 해 주는 수단으로 확장되어야 한다." 〈김병완의 책쓰기 혁명, 209쪽〉

책 쓰기에도
방법이 있다

책쓰기는 세 가지로 크게 나눌 수 있다. '무엇을 쓸 것인가'와 '어떻게 쓸 것인가' 그리고 '누구에게 쓸 것인가'다. 먼저 '무엇을 쓸 것인가'에 대한 해답을 얻기 위해서는 자신의 삶을 되돌아보고 성찰할 필요가 있다. 자기뿐만 아니라 세상에 대한 통찰도 필요하다. 하지만 막상 해보면, 그렇게 거창하거나 어렵지 않다.

우리는 책쓰기를 너무 거창하게 생각하는 경향이 있다. 책쓰기는 일단 거창한 것이 아니다. 매일 밥을 먹고 세수를 하듯 책쓰기도 일상 행동과 같다. 히루 48분만 투자해서 매일 반복하면 된다. 속도나 성과는 중요하지 않다. 매일 하는 것이 중요하다. 매일 열 개의 문장을 쓰는 것부터 시작하면 된다.

일반인은 책 쓸 콘텐츠나 주제가 없다. 수강생 대부분이 이런 경우다. 이럴 때 효과적인 방법이 있다. 바로 브레인스토밍이다. 브레인스토밍과 책쓰기의 첫 단추인 주제 정하기를 어떻게 적용하고 연결할 것인가?

여기에 기술이 필요하다. 구슬이 서 말이라도 잘 꿰어야 보배가 된다. 잘 꿰는 기술이 바로 책쓰기 기술이다.

먼저 자신과 세상을 의식하지 않고, 프리 라이팅 기법을 사용해서 책 주제가 될 만한 것들을 검열이나 평가하지 않고, 마구 쏟아내는 브레인스토밍을 한 시간 정도 하는 것이 중요하다.

브레인스토밍을 한 시간 정도 하면 50개 이상의 주제가 나온다. 이 주제들을 다 통합해 보면 더 큰 하나의 주제를 만들 수 있다. 이것이 당신이 잘 쓸 수 있는 주제다. 문제는 지금부터다. 책쓰기 내공이 있는 사람은 수십 개의 주제를 보면, 가장 좋은 주제, 제목, 부제를 만들 수 있다. 처음에는 무엇이든 힘들고 어렵다. 하지만 연습을 하다 보면, 익숙해진다. 연습이 대가를 만드는 법이다.

독자들을 사로잡고, 출판사를 유혹할 수 있는 그런 주제를 단번에 만들어 낼 수는 없다. 하지만 이런 방법과 접근법은 책을 차근차근 하나씩 써 내려갈 수 있게 도와준다. 책쓰기에도 순서와 방법이 중요하다. 순서와 방법을 모르면 갈수록 어려워진다. 그래서 중도 포기하는 사람들이 많은 것이다.

책쓰기의 첫 번째 순서는 구상이다. 먼저 주제를 뽑고, 그 주제에 따른 전체적인 컨셉을 정하는 일이다. 주제와 컨셉 정하기를 먼저 해야 하고, 이것이 끝나면, 그다음 순서가 구성이다. 구성의 대표적인 예가 목차 작성이다. 목차 작성을 한 후 그다음 순서는 서문 쓰기다. 서문을 쓰면서 전체적으로 내가 말하고자 하는 중심 내용을 정리해야 한다. 서문 쓰기가 완료되면, 그다음에는 출간기획서를 작성하는 것이 좋다. 출간기획서를 다 작성해야 비로소 본문 쓰기의 준비가 다 완료된 것이다. 이것이 가장 효과적인 책쓰기 순서다.

여기서 한 가지 사실을 빼놓으면 안 된다. 본문 원고를 쓰기 전에 준비 사항이기도 한, 출간기획서 작성이다. 왜 출간기획서를 본문 쓰기 전에 작성해야 할까?

출간기획서를 작성하면 이 책의 타깃 독자, 기획 의도, 비교 도서 분석 등 종합적이고 디테일한 것들을 모두 확실하게 정리를 할 수 있다. 책의 포지셔닝과 컨셉, 기획 의도, 타깃 독자, 차별성, 비교도서 분석, 마케팅 및 홍보문구 작성, 원고 완성일 등을 확실하게 정하고, 파악할 수 있다. 이것보다 더 좋은 책쓰기 전략과 전술은 없다.

이것이 확실해질수록 책을 쓰는 것이 더 쉬워지고 더 정확해진다. 식스 시그마를 배운 사람이라면 잘 알 것이다. 처음에 무작정 시작하면 나중에 엄청나게 힘들어지고, 더 많은 시간이 걸린다는 것을. 처음에 계획과 전략을 잘 수립하면 프로젝트를 해나갈수록 쉬워진다. 시간과 노력도 적게 든다. 프로젝트 완성도도 높아진다. 책쓰기도 마찬가지다. 본문을 쓰기 전에 내가 쓸 책에 대해 가장 중요한 사실들을 정리하고 파악하는 일은 책쓰기를 더 쉽게 할 수 있게 도와준다.

축구 경기를 할 때, 승리하는 데 필요한 것은 힘 조절이다. 무조건 공격만 하면 패배한다. 공격할 때와 수비할 때를 정확히 알고, 전술이 있어야 한다. 훌륭한 감독이 팀을 지휘하면, 강팀이 되지만, 무능한 감독이 하면, 허점이 많은 약팀으로 전락한다. 히딩크 감독처럼 명장이 없었다면, 한국 축구는 2002년 월드컵에서 4강까지 올라가지 못했을 것이다. 책쓰기의 명장은 바로 순서다. 좋은 순서는 당신이 4강까지 올라가게 도와준다.

  책쓰기에도 순서와 방법이 있음을 잊어서는 안 된다. 책쓰기 경험과 내공이 전혀 없는 사람이 책쓰기 코치에게 배우면, 책쓰기가 훨씬 더 쉬워지는 이유가 바로 이것이다. 책쓰기에도 지켜야 할 순서와 방법은 존재한다. 책쓰기의 성패는 순서를 잘 지키는지, 책쓰기의 방법을 잘 습득했는지에 달렸다.

작가의 허상에서
벗어나라

책쓰기에 도전할 당신이 명심해야 할 한 가지 사항이 더 있다. 그 것은 매우 중요한 사실이기도 하다. 모든 천재와 훌륭한 작가들의 첫 작품은 매우 조잡하고 형편없는 쓰레기였다는 사실이다. 충격이겠지만, 사실이다.

"모든 훌륭한 작가들의 초고는 매우 조잡하기 이를 데 없다."

그 어떤 거장들도 매우 어설픈 초고를 작성했다. 어떤 거장도 아마추어와 같은 시절이 있었다. 어떤 거장도 처음에는 평범했다. 과연 사실일까? '음악의 신동'이라고 부르는 모차르트도 과연 그럴까? 그렇다.

그는 천재였다. 부정할 수 없는 사실이다. 하지만 처음에는 천재도, 신동도 아니었다. 대다수 천재에 대한 고정관념은 사실무근이다. 근거가 없는 소문에 불과하다. 모차르트도 예외가 아니었다. 그는 초창기에 표절의 명수였다. 우리가 잘못 알고 있는 것처럼 어린 시절부터 그는 걸작을 작곡한 것이 아니다. 모차르트 연구가이자 심리학자인 마이클 호위(Micheal Howe)는 자신의 저서인 [천재를 말하다(Genius Explained)]에서 이런 말을 했다.

"숙달된 작곡가의 기준에서 볼 때 모차르트의 초기 작품은 놀라운 수준이 아니다. 가장 초기에 나온 것은 대개 모차르트의 아버지가 작성했을 것으로 보이며 이후 점차 발전해왔다. 모차르트가 어린 시절에 작곡한 협주곡, 특히 처음 일곱 편의 피아노 협주곡은 다른 작곡가들의 작품을 재배열한 것에 지나지 않는다. 현재 걸작으로 평가받는 진정한 모차르트의 협주곡(협주곡 9번, 작품 번호 271)은 스물한 살 때부터 만들어졌다. 이는 모차르트가 협주곡을 만들기 시작한 지 10년이 흐른 시점이었다."

음악평론가 헤롤드 쇤베르그(Herold Schonderg)는 모차르트의 위대한 작품들이 작곡을 시작한 지 20년이 지나서야 나오기 시작한 것을 볼 때, 모차르트의 재능은 '늦게 개발되었다'라고 주장했다.

"사람들은 내가 쉽게 작곡한다고 생각하지만 그건 착각이다. 사실

나만큼 작곡에 많은 시간과 생각을 바치는 사람은 없을 것이다."

  이런 사실을 우리는 쾨헬 번호를 통해 알 수 있다. 모차르트가 작곡한 곡에는 모두 붙여지는 작품 번호, 즉 쾨헬 번호를 통해 이 사실을 쉽게 알 수 있다. 그의 대표작품을 보면, 교향곡 제40번 g 단조 K.550, 교향곡 제41번 C장조 〈주피터〉 K.551, 아이네 클라이네 나흐트 무지크 K.525, 레퀴엠 d단조 K.626, 피가로의 결혼 K.492, 마술피리 K.620, 돈 지오바니 K.527, 피아노 협주곡 제20번 d단조 K.466, 피아노 협주곡 제21번 C장조 K.467, 봄 노래(봄을 기다림) F장조, K.596 등이 있는데 대부분 작품의 쾨헬 번호가 400에서 500 이후라는 사실을 알 수 있다.

  k.550은 모차르트가 태어나서 550번째 작품이라는 말이다. 모차르트는 평생 600곡 이상의 곡을 작곡했다. 그가 어렸을 때 작곡한 곡들은 k.100에서 k.200 이내의 곡들이다.

  이 쾨헬 번호는 그가 작곡한 순서대로 번호가 붙는다. 그러므로 k.466은 그가 이미 400곡 이상의 곡을 작곡한 이후에 나온 곡이라는 의미다. 우리가 세계 최고의 작품이라고 칭송하는 대부분의 모차르트 곡은 400번 이후의 곡들이고, 500번대에 가장 많이 분포하고 있다. 이것이 시사하는 바는 적지 않다. 음악의 신동이라고 불리는 모차르트 역시 어렸을 때는 세계적인 곡을 작곡한 것이 아니라는 사실을 명확하게 말해준다.

  [우리 안의 천재성]이라는 책의 저자인 데이비드 셍크 역시 이런

사실을 뒷받침해 준다. 모차르트의 초기 작품에 대해 그는 어떤 평가를 했을까?

"매우 어린 나이에 작곡을 시도한 것은 대단하지만 어린 아마데우스(모차르트)가 발표한 초기 작품들은 전혀 비범하지 않았다. 사실상, 그의 초기 작품은 단지 다른 유명 작곡가들의 모사에 불과했다. 11세부터 16세까지 작곡한 초기 일곱 개의 피아노 콘체르토 작품들은 "독창성이 거의 없고, 심지어 모차르트가 썼다고 하기도 민망하다."라고 템플 대학의 로버트 와이즈 버그는 말했다. 모차르트는 피아노와 다른 악기로 연주하기 위해 다른 이들의 작품을 편곡한 것에 불과하다." 〈데이비드 솅크,《우리 안의 천재성》, 한국방송출판, p.89〉

거장들도 처음에는 아마추어였다. 위대한 작가들도 다르지 않다. 어떤 위대한 문호는 초고를 작성하여 자신의 아내에게 보여 주었더니, 너무 형편없다고 한마디로 평가했다고 한다. 믿을 수 있겠는가? 하지만 그런 형편없는 초고가 다듬어지면서 위대한 작품으로 거듭나게 되는 것이다. 헤밍웨이의 '노인과 바다'는 무려 200번 이상이나 고쳐지고 다시 써졌다.

"이제 짧은 글 한 편 쓰기보다 실질적으로 훨씬 더 효과적인 아이디어를 소개하겠다. 그것은 바로 '조잡한 초고'라는 개념이다. 모든 훌륭한 작가들이 그런 초고를 쓴다. 이것은 그들이 훌륭한 두 번째 원고를 완성한 다음 완벽한 세 번째 원고를 쓸 수 있도록 이끄는 비결이다. 사람들은 성공한 작가들, 즉 책을 출판하는 일로 경제적인 안정을 얻은 작가들을 바라볼 때 그들이 매일 아침 백만장자처럼 느끼면서 자기 작업대에 앉아 있을 것으로 생각하는 경향이 있다. 그리고 자신감이 넘치며, 자신의 재능과 자기가 쓰게 될 위대한 이야기에 대해 자부심을 느낄 거로 생각한다. 그들은 한두 번 심호흡을 한 다음, 옷소매를 걷어붙이고, 목 근육이 풀리도록 목을 몇 번 돌린 다음, 펜을 들자마자 법원의 속기사처럼 재빨리 완성된 형태의 단락을 타이핑할 것이라고 말이다. 그러나 이것은 미경험자의 환상일 뿐이다."〈앤 라모트, [글쓰기 수업], 65쪽〉

모든 위대한 거장들과 문호들도, 심지어 현대의 훌륭한 작가들도 조잡한 원고를 쓴다는 점에서 우리와 같다. 다만 그들이 작가 지망생들과 다른 이유는 한 가지이다. 더 많이 쓰고 더 많이 노력하고 더 많이 다듬고 더 많이 읽고, 더 많은 시간을 투자한다는 것이다. 자, 모든 훌륭한 작가들의 초고는 조잡하다. 그러므로 작가의 허상에서 벗어나라.

무엇이든
첫 시작이 어렵다

무엇이든 처음은 어렵다. 하지만 처음을 이겨내고 버티면 그다음부터는 전문가가 되고 프로가 된다. 48분 책쓰기, 우선 딱 1개월만 집중하라. 첫 1개월만 집중하면 습관이 형성될 수 있다. 매일 하루 48분만 정해진 시간을 확보하는 것이 중요하다. 매일 48분만 일찍 일어나도 좋다. 아니면 점심시간도 좋고, 퇴근 시간 후도 좋다.

더 좋은 방법은 두 개의 24분으로 나누어, 아침과 저녁 시간을 확보하는 방법이다. 책쓰기 습관을 형성하는 것이 무엇보다 중요하기 때문에, 하루에 꼭 몇 문장을 의무적으로 써야 하는 것은 아니다. 오히려 이런 의무적인 책쓰기는 이내 곧 지치게 만들고, 즐기지 못하게 한다.

처음에는 너무 많은 것을 쓰려고 하지 말고, 너무 잘 쓰려고 하지 마라. 이런 심리적인 예방도 중요하다. 더 중요한 것은 매일 정해진 시간에 하는 것이다. 정해진 시간에 정해진 장소에서 하면 더 바랄 것이 없다. 이런 조건에서 습관이 잘 형성되기 때문이다.

매일 책을 쓰는 행동을 반복하게 되면, 책 쓰는 습관이 형성된다. 책 쓰는 습관을 지닌 사람은 반드시 작가가 될 수 있다. 습관의 힘은 강력하다. 이런 사람이 작가가 되는 것은 시간문제다. 하루 열 문장의 힘을 절대 무시하지 마라. 우공이산의 원리를 잊지마라.

세상은 정확하다. 실력과 내공만 믿고, 노력하지 않는 사람은 그 재능이 멀지 않아 사라진다. 재능이 있지만 지속하지 않는 사람은 결국 뒤처지게 된다. 이런 사람보다는 돈도 없고, 빽도 없고, 실력과 내공조차 없지만, 매일 반복하는 사람이 더 낫다.

재능이나 실력이 없지만, 매일 지속하는 사람은 결국 앞서게 된다. 그것이 세상의 법칙이고 이치다. 첫 1주일이 중요하고, 그다음은 첫 1개월이다. 딱 1개월은 집중해서 매일 책을 써야 한다. 하루에 많은 시간 책을 쓰는 것보다 매일 지속하는 것이 중요하다.

정해진 시간과 장소에서 매일 노트북을 두드려야 한다. 한 달만 기계적으로 그렇게 하면 그다음부터는 쉽게 할 수 있다. 관성의 힘 때문이다. 또한, 그것이 습관의 힘이다. 습관의 위대함을 이미 우리는 너무나 잘 알고 있다. 중요한 것은 계획이 아니라 행동이다.

"100번만 같은 일을 하면 그게 당신의 강력한 무기가 된다!"

미국 최고의 자기계발 전문가 제임스 클리어의 말이다. 그는 고등학교 시절, 촉망받는 야구선수였다. 하지만 동료의 야구 배트에 얼굴을 정통으로 강타당하는 사고를 당하여, 얼굴 뼈가 30조각이 나고, 실명 위기에 걸을 수조차 없게 되었다. 절망에 빠진 그를 나락에서 구해준 것은 '지금 당장 할 수 있는 아주 작은 일을 찾아서 매일 반복하는 것'이었다.

그는 지금 당장 할 수 있는 아주 작은 일을 찾아서 반복했다. 처음에는 걷기 연습이었다. 매일 반복하자 기적이 일어났다. 평생 불구가 되어 걷지도 못할 것이라는 의사의 진단과 경고를 보란 듯이 극복해버렸다. 그는 6개월 만에 걸을 수 있게 되었고, 운동까지 할 수 있게 되었다. 6년 후에는 대학 최고의 선수가 되었다. 습관은 이처럼 복리로 작용한다. 습관이 매일 반복되면 그 결과는 곱절로 불어난다.

내일로 미루지 말고, 지금 당장, 오늘부터 행동하는 것이 중요하다. 지금 당장 노트북을 열고 자판을 두드려라. 오늘부터 1일이 되는 것이 중요하다. 내일은 없다. 우리에게는 지금, 이 순간, 오늘뿐이다.

무슨 일이든 똑같다. 처음 시작하기가 어렵다. 그런데 막상 시작하면, 이미 반은 한 것과 같다. 그래서 '시작이 반이다.'라는 말도 생겼다. 무엇이든 시작이 어렵다. 하지만 시작하면 그다음부터는 조금 더 쉽게 갈 수 있다. 시작하면 없던 능력도 생긴다. 일단 시작하면 추진력이 생긴다. 시작하면 보이지 않던 길도 보이기 시작한다.

"꿈을 품고 뭔가 할 수 있다면 그것을 시작하라. 새로운 일을 시작하는 용기 속에 당신의 천재성과 능력과 기적이 모두 숨어있다."

　요한 볼프강 폰 괴테의 이 말을 명심하라. 책을 천 권 읽는 것보다 책 한 권을 쓰는 게 더 낫다. 그 시작은 하루 48분 책쓰기면 충분하다. 독서는 수동적인 행위다. 하지만 책쓰기는 능동적인 행위다. 독서를 한다고 인생이 바뀌는 것은 아니지만 책쓰기는 인생이 바뀐다.

　인생을 바꾸는 강력한 책쓰기도 그 시작은 미약하다. 천릿길도 한 걸음, 또 한 걸음이 모여 가능하다. 하루 48분만 투자하면, 그것이 쌓여 6개월 후, 혹은 12개월 후면 책 한 권을 쓸 수 있다. 하루 열 문장이 1년 후에는 책 한 권이 된다.

　도전하는 자는 재능이 뛰어나지 못한 것을 걱정할 것이 아니라 의지가 서지 않는 것을 걱정해야 한다. 재능이 뛰어나도 의지가 없는 자는 금방 포기하기 때문이다. 재능이 있어도 지속하지 못하면, 성장할 수 없다. 시작도, 지속도 결국 뜻이 있어야 한다. 모든 일이 의지가 중요하다. 위험을 감수하고 도전해야 한다. '모든 것의 시작은 위험하다. 그러나 무엇을 막론하고, 시작하지 않으면 아무것도 시작되지 않는다.' 니체의 이 말은 우리를 자극한다.

48분 책쓰기의
맛을 느껴보라

하루 48분 책쓰기! 어떻게 시작하면 좋을까? 먼저 가볍게 시작하기를 추천한다. 무엇이든 가벼워야 오래 갈 수 있고, 멀리 간다. 부담은 내리고, 몸과 마음은 가볍게 만들어 매일 48분만 투자해서 책쓰기를 하는 습관을 들여야 한다.

하루 48분 책쓰기를 습관으로 만들면 좋다. 그렇게 하려면 보상이 필요하다. 어떤 행동을 했을 때, 보상을 받으면 우리 뇌는 그것을 또 하려고 하는 강한 충동을 받는다. 즉 '행동-〉보상-〉강한 충동 -〉 행동' 이렇게 습관이 형성되는 것이다. 일반적인 책쓰기는 이런 보상을 받기가 힘들지만, 하루 열 문장만 작성하면 되는 48분 책쓰기는 이것이 가능하다.

일반적인 책쓰기를 통해서 일반인이 매일 자주 쾌감과 희열을 느

48분 기적의 책쓰기 : 하루 10문장이 1년 후에는 책 한 권이 된다

끼기 힘들다. 하지만 48분 책쓰기는 쉽게 쾌감과 희열을 느낄 수 있다. 48분 책쓰기는 목표를 잘게 쪼개고, 시간제한 혹은 '타임 프레셔'라는 장치가 있기 때문이다. 48분 책쓰기를 하면 성취감과 희열이라는 쾌감을 느낄 수 있다.

코로나 팬데믹이라고 집에서 온종일 빈둥대면서 와이프 눈치만 보고, 구박만 받는 그런 하루와 도서관에 가서 다양한 지식과 정보를 접하고, 새로운 책을 쓰면서, 조금 더 성공적인 시간을 보내는 하루, 어떤 하루가 더 성공적이고, 행복할까? 거창하게 책을 쓴다고 생각하지 말고, 48분 동안 하루 열 개의 문장을 작성하는 게임을 하고 있다고 생각해도 좋다.

48분 책쓰기는 당신의 일상을 바꾸어 놓는다. 과연 어떻게 바꾸어 놓을까? 당신의 생각보다 더 많은 보상을 선사한다. 가족과 함께 여행하거나, 외식했을 때, 느끼는 좋은 감정과 기분, 그 이상의 것이다. 어떤 보상을 받을 수 있을까?

먼저 몰입을 경험하게 된다. 몰입의 희열과 짜릿함은 그 어떤 것과도 바꿀 수 없는 최고의 행복감이다. 이것이 진정한 48분 책쓰기의 맛이다. 48분 책쓰기가 주는 참된 몰입의 맛을 당신도 느껴봐야 한다. 48분 책쓰기는 또한 당신에게 중독성이 강한 맛도 느끼게 해 준다. 책쓰기는 중독성이 강하다. 평생 해도 질리지 않을 정도로 강력하다.

권력의 맛을 한 번이라도 본 적이 있는 사람은 절대로 그 맛을 잊을 수 없다고 한다. 그래서 권력의 유혹을 거부하지 못하여, 결국 패가망신하는 경우가 많다. 권력은 무서운 것이다. 조심해야 한다. 하지만 책쓰기는 다르다. 책쓰기를 해서 패가망신한 사람은 없다. 책쓰기는 당신을 성공과 부의 길로 인도한다. 책쓰기는 최고의 공부다. 당신을 훌륭한 존재로 만든다.

책쓰기는 강력한 파급력을 가지고 있다. 책쓰기를 통해 유명인사가 되기도 하고, 평범했던 사람이 일간지와 잡지, TV에 자주 출연하는 사회적 명사가 되기도 하고, 심지어는 정부의 고위 관료로 발탁되기도 한다. 책쓰기를 통해서 엄청난 부자가 되기도 한다. 실제로 100만 부 정도를 팔면 작가는 보통 10억 정도를 벌 수 있다. 이것이 전부가 아니다. 대부분의 유명한 작가들에게는 부수입이 생긴다. 강연 수입, 방송 출연 수입, 유튜브 수입, 원고 작성 수입 등이다. 관공서를 비롯해 여기저기서 강연해 달라고 요청이 오고, TV에서도 출연해 달라고 섭외가 들어온다. 이때 한 번씩 가서 강연하거나 TV에 출연하면 수십만 원에서 수백만 원씩 수입을 거두게 된다.

이것이 책쓰기의 파급효과다. 책쓰기가 아니면 평범한 당신에게 누가 강연을 요청할 것인가? 누가 평범한 당신을 TV 출연에 섭외할 것인가? 물론 작가 대부분이 이런 것은 아니다. 하지만 책쓰기를 하지 않았다면, 이런 기회는 절대 오지 않았을 것이다.

책쓰기는 그 자체로도 엄청난 매력과 힘과 맛을 가지고 있기 때문이다. 솔직히 힘든 노동을 하는 것보다 온종일 도서관이라는 멋진 공간에서 책을 읽고, 글을 쓰는 직업이나 그 과정이 얼마나 축복받은 일상인지를 생각해보라. 책쓰기의 참된 힘은 책쓰기를 통해서 인간

그 자체의 사고와 의식이 도약하는 것뿐만 아니라 사회적 신분이 높아지고, 경제적으로도, 사회적으로 더 큰 유익을 얻을 수 있다는 것이다. 책쓰기가 주는 맛과 힘을 직접 느껴보라. 온몸으로 느낄 때 당신은 뼛속부터 작가가 될 수 있고, 작가로 거듭날 수 있게 된다.

'펜은 칼보다 강하다. (The Pen is mightier than the Sword)'

책을 잘 쓰면 당신은 사회적으로 유명인사가 될 뿐만 아니라 사회적 권리, 발언권, 특권을 얻게 되고, 지도층이 된다. 그뿐만 아니라 진짜 책쓰기의 힘은 당신이 죽고 나서도 영원히 유지된다는 데 있다.

셰익스피어는 생전에 큰 인기를 얻지를 못했다. 지금 인기에 비하면 너무나 보잘것없는 것이었다. 하지만 그의 책은 영원하다. 마키아벨리도 마찬가지다. 생전에는 널리 인정받지 못했고, 정치적 삶도 녹록하지 못했다. 하지만 작가로서의 그의 삶은 영원하다. 니체도 마찬가지다. 책쓰기의 맛과 멋은 당신과 시간을 초월하는 데 있다.

제 5 부

48분 책쓰기 :
어떻게 인생역전이
가능한가?

제 9 장

자신의 인생을 위해
펜을 들어라

"모든 사람의 삶은 하나의 역사이며 스토리다. 그런 역사와 스토리를 그냥 낭비한다는 것은 정말 안타까운 일이다. 글을 쓴다는 것은 과거로 사라져간 당신의 이야기를 끄집어내어 다시 생명력을 불어넣는 놀라운 작업이다." 〈김병완의 책쓰기 혁명, 130쪽〉

누구나 작가가
될 수 있는 비결

더 나은 작가가 되기 위한 길은 한 가지밖에 없다. 많이 쓰는 것, 그것도 매일 쓰는 것이다. 대부분의 위대한 작가들이 그 반열에 오를 수 있었던 단 한 가지 비결은 매일 쓰기다. 그들은 매일 책을 썼고, 엄청난 양의 창작 활동을 했다.

대표적인 작가가 바로 스티븐 킹이다. 그가 얼마나 많은 양의 책을 썼고, 매일 썼는지에 대해 안다면 놀랄 것이다.

"예전에는 지금보다 빨리 썼다. 이 정도면 아마 존 크리시도 감탄했을 것이다. (그러나 어떤 글에서 보니 크리시의 추리 소설 중에는 겨우 '이틀' 만에 완성된 것도 여럿이라고 한다) 내 생각엔 담배를 끊어서 속도가 느려진 것 같다. 니코틴은 신경을 예민하게 해 준다. 물론 창작을 도와주는 대신에 목숨을 빼앗는다는 게 문제다. 어쨌든 나는 어떤 소설이든-설령 분량이 많더라도 – 한 계절에 해당하는 3개월 이내에 초고를 끝내야 한다고 믿는다. 그보다 오래 걸리면 – 적어도 내 경우에는- 마치 루마니아에서 날아온 공문서처럼, 또는 태양의 흑점 활동이 심할 때 단파 수신기에서 나오는 소리처럼 이야기가 왠지 낯설어진다. 나는 하루에 열 페이지씩 쓰는 것을 좋아한다. 낱말로는 2천 단어쯤 된다. 이렇게 3개월 동안 쓰면 18만 단어가 되는데, 그 정도면 책 한 권 분량으로는 넉넉한 셈이다. 이야기를 재미있게 쓰고 신선함을 유지하기만 한다면 독자들도 즐거운 마음으로 몰두할 수 있을 것이다. 어떤 날은 그 열 페이지가 쉽게 나온다."〈스티븐 킹,《유혹하는 글쓰기》, 김영사, p.187〉

그는 크리스마스와 독립기념일과 자신의 생일만 빼고 날마다 글을 쓴다. 작가가 되는 유일한 길은 매일 글을 쓰는 것이다. 나는 이 사실을 확신한다. 작가의 생활 수칙으로 삼고 있다. 그러므로 명심하라. 최고의 방법은 날마다 글을 쓰는 것이다. 하루 열 개의 문장도 좋다. 그런 점에서 필자가 제시하는 작가가 되는 법은 '매일 쓰기를 통한 다작'이다. 남들보다 많이 쓰면 그만큼 더 나은 작품이 나오게 되어있다. 나는 이 원리를 믿는다.

글을 직접 써보지 않고서는 글솜씨가 늘 수 없다. 마찬가지로 글을 많이 써보지 않고서는 더 나은 작가가 될 수 없다. 글쓰기 책을 많이 읽는다고 작가가 되는 것은 절대 아니다. 글을 잘 쓰기 위해서는 글쓰기 책을 열 시간 보는 것보다 글을 직접 열 시간 써 보는 것이 백 배 더 낫다. 그러므로 지금 당장 책을 덮고 책쓰기를 시작하라. 하루 48분만 투자하라. 48분 책쓰기는 평범한 사람을 위한 책쓰기 책이다.

결론은 이것이다. 누구나 작가가 될 수 있는 한 가지 비결은 '매일 쓰기'이다. 하루 48분 책쓰기는 이것을 가능하게 해 준다. 하루 열 개의 문장 쓰기를 목표로 하고, 욕심내지 말고, 한 걸음부터 시작하면 된다. 조급하게 생각하지 말고, 꾸준히 하면 된다.

매일 하면, 누구나 작가가 될 수 있다. 하루 열 문장이 1년 후면 책 한 권이 된다. 그러므로 지금 당장 시작하라. 왜 지금 시작해야 할까? 내일 시작하면 안 될까? 안 된다. 내일 시작하고자 하는 사람의 대부분은 내일이 되면, 시작하지 않고, 까먹거나 다른 일을 한다. 그래서 지금 당장 하지 않으면 영원히 못 한다.

항상 미루는 사람에게 꼭 해 주고 싶은 말이 있다. 고대 그리스의 철학자 헤라클레이토스(Heraclitos)가 한 말이다. 매우 의미심장한 말이다.

"같은 강물에 발을 두 번 담글 수는 없다. 발을 담근 강물은 이미 흘러갔기 때문이다. 강물은 그렇게 흐른다, 지금까지."

이 순간이 지나가면 지금과 같은 현실은 절대 만들 수 없다. 지금 하는 것과 내일 하는 것은 전혀 다르다. 같은 강물에 발을 두 번 담글 수 없다. 지나간 어제는 절대 다시 만날 수 없다. 과거는 우리가 절대 바꿀 수 없다. 현재만 바꿀 수 있다. 오늘과 같은 내일이 올 것이라고 속단한다. 하지만 오늘과 똑같은 내일은 절대 오지 않는다. 한 번 떠내려간 물은 다시 거슬러 오지 않는다. 그래서 지금 발을 담그는 것과 5분 후에 다시 발을 담그는 것은 같은 강물에 발을 담그는 것이 아니다. 같은 상황이 아니다. 5분 동안 당신은 늙었거나, 성장했거나, 달라졌고, 강물도 다른 물이다.

'결과에 연연해서는 안 된다. 특히 작가는 그렇다. 오로지 작가는 쓸 뿐이다. 작가는 글을 쓰는 사람이지 결과에 집착하는 사람이 아니다.'

결과에 집착하지 않을 때 비로소 과감하게 도전할 수 있다. 중요한 것은 결과가 아니라 행동이고 실천이다. 아무리 많이 출판사로부터 출간 거절과 반려를 당한다고 해도 절대 포기하지 말라. 당신은 작가이기 때문이다. 오늘 책을 썼다면, 당신은 작가다. 당신이 작가가 되지 않은 이유는 단 한 가지다. 쓰지 않았을 뿐이다! 그러므로 지금부터 당장 쓰자. 쓰고 또 쓰면 된다. 될 때까지 쓰면 된다. [핑]이라는 책을 읽다가 감동을 주는 대목을 읽었다.

"무언가가 되고자 한다면 반드시 무언가를 행해야 합니다.
그것이 우리가 이 세상에 보내진 이유입니다.
살아있는 존재라면 누구든 무한한 가능성을 가지고 있으며, 세상

이 주는 무한한 열매를 받을 자격이 있습니다." 〈스튜어트 에이러비 골드, [핑], 123쪽〉

이 말처럼 무언가가 되고자 한다면 반드시 무언가를 행해야 한다. 수영 선수가 되고자 한다면 수영을 배워야 하고, 등산가가 되고자 한다면 등산을 해야 하고, 강사가 되고자 한다면 강의를 무엇보다 많이 해야 한다. 마찬가지로 작가가 되고자 한다면 무엇보다 글을 많이 써야 한다. 매일 쓰는 것이다.

세상은 정확하고 정직하다. 작가가 되고 싶다면 가장 먼저 해야 할 일이 지금 당장 쓰는 것이고, 가장 중요한 일이 매일 쓰는 것이어야 한다. 하루 48분 책쓰기는 당신에게 가장 중요한 선물을 해 줄 것이다.

48분 책쓰기!
당신도 가능하다

"이 시대 모든 사람이 글쓰기를 해야 하는 이유가 바로 이것이다. 당신이 이 세상에 살다 간 흔적을 어떻게 남길 것인가? 당신이란 사람이 어떤 삶을 살았는지 누가 알겠는가? 어떤 생각을 가지고 어떤 일상을 보내며 어떤 일을 하며 살았는지를 말이다. 그것을 제대로 알리는 최고의 방법이 바로 글쓰기다."_〈김병완의 책쓰기 혁명〉, 130p

책쓰기 제자 중에 기억에 남는 분이 한 분 있다. 이분은 평범한 50대 가정주부다. 강남에 작은 사무실을 빌리고, 책쓰기 학교를 본격적으로 시작하려고 준비할 때였다. 독자로서 김병완 작가를 만나보고 싶어서 찾아온 팬이었다.

필자도 작가가 된 지 얼마 안 되어, 너무 반가운 나머지, 따뜻한 커피를 대접해 드리면서, 대화를 나누다가 나는 직관에 이끌려서 이런 황당한 말을 내던졌다. 보통 이런 말을 하지 않는데, 그날은 이상하게도 이런 말이 저절로 입 밖으로 튀어 나왔다.

"아주머니, 이것도 인연인데, 제게 책 쓰기를 한 번 배워 보세요. 저랑 책 한 번 써 보시죠?"

그러자, 팬이신 그 여성분은 매우 놀라는 것 같았다. 그 표정은 아직도 잊을 수가 없다.

"말도 안 됩니다. 나 같은 평범한 사람이 어떻게? 저는 작가님처럼 읽은 책이 많은 것도 아니고, 쓸 만한 콘텐츠가 있는 것도 아닌데요? 평범한 주부가 무슨 책을 쓴다는 것이죠? 농담이시죠 작가님!"

강하게 거절했던 그분은 지금 어떻게 되었을까? 며칠 지나지 않고 바로 책쓰기 수업에 참여하셨고, 7주 만에 출판사와 계약했다. 몇 개월도 안 되어 그분의 이름으로 된 책이 세상에 나왔다. 믿기 힘들지만 평범한 가정주부였던 그분은 베스트셀러 작가, 강사, 1인 기업가가 되었다. 인생역전 책쓰기에 성공하신 것이다.
작가와의 만남이 인생역전의 시작점이 될 것이라고는 꿈도 꾸지 못했을 것이다. 처음에는 두려웠을 것이다. '괜히 했다가 망신만 당하는 것이 아닐까.'라는 고민도 했을 것이다. 만약에 과감하게 도전하지 않았다면? 망설였다면? 지금도 평범한 가정주부의 삶을 살고 있을 것이다. 하늘을 훨훨 날 수 있는 독수리가 걷기만 하면서 평생 산다면 얼마나 안타까운 일인가? 남 얘기가 아니라 바로 당신 이야기다. 당신이 바로 평생 걷기만 하는 독수리이다.

독수리는 하늘을 날아야 한다. 독수리가 평생 한 번도 날아보지 못한다면, 얼마나 안타까울까? 자신이 하늘을 훨훨 날아다닐 수 있는 하늘의 제왕이라는 사실을 전혀 깨닫지 못하고 있다면 얼마나 불쌍한가?

이런 사실을 알고 있는 당신의 심정은 어떨까? 만약에 이 독수리가 바로 자신이라면 당신 심정이 어떨까? 당신이 하늘을 날 수 있는 독수리인데, 용기와 결단력이 부족해서, 혹은 독수리라는 사실을 미처 깨닫지 못해서, 하늘을 날 방법을 배우는데 도전하지 않아서, 평생 땅 위를 걷기만 한다면, 그 얼마나 안타까운 일인가? 놀라지 마시라. 이런 일이 현실에서는 비일비재하다. 우리는 하늘을 날아야 한다. 필자를 날게 해 준 것은 만권 독서가 아니다. 하루 48분 책쓰기였다.

평생 현역으로
활동할 수 있다

필자가 운영하는 책쓰기 학교에는 사회 각계각층의 다양한 분들이 책쓰기 수업에 참여하고 책쓰기를 배운다. 그중에는 방송인도 있고, 대학교 총장도 있고, 하버드 대학교 출신 경영자도 있고, 신문사 편집국장도 있고, 출판사 대표도 있고, 교수도 있고, 아나운서도 있고, 의사도 있고 변호사도 있다. 물론 평범한 가정주부, 직장인도 있고 심지어 무직자도 있고, 중학생도 있고, 70대 어르신도 있다. 이렇게 많은 분 중에서도 기억에 남는 분이 몇 분 있다.

필자가 운영하는 책쓰기 학교 김병완칼리지는 다른 곳과 3가지 점에서 큰 차이가 있다. 첫 번째는 자기계발 1위 베스트셀러 작가가 운영하는 유일무이한 책쓰기 독서법 학교라는 점이다. 두 번째는 미국 LA, 라스베이거스, 플로리다. 뉴욕, 북한, 중국, 홍콩, 일본 거주자가 직접 참여하는 글로벌 책쓰기 독서법 학교라는 점이다. 세 번째는 삼성맨 출신이 운영하는 책쓰기 독서법 학교라는 점이다.

지구 반대편 미국 LA에 살고 계신 교포 부부도 기억에 남고, 북한 아오지에서 탈북하신 분도 기억에 남는다. 평범한 세 아이의 엄마였지만, 책쓰기 수업 내내 책쓰기가 너무 재미있다고 하셨던 분도 기억에 남는다. 라스베이거스에 살고 계신 500억 부자 '로니 박' 선생님도 기억에 남는다. 평범한 가정주부에서 베스트셀러 작가, 유튜버로 도약한 수강생도 기억에 남는다. 동대구역 회의실에서 책쓰기 수업을 했던 수강생들도 기억에 남는다. 사실 어떻게 잊을 수가 있을까? 대부분의 수강생 한 분 한 분을 잊을 수가 없다. 모두가 내게는 영웅이다.

김병완칼리지 책쓰기 수업에는 방송인도 많이 참여했다. 그중에 한 분이 고명환씨다. 그는 책쓰기 수업 마지막 시간에 원고 투고를 하자마자 출판사 세 군데로부터 계약 요청을 받고, 행복한 고민을 하면서 필자와 전화통화를 하던 그때가 기억이 새록새록 하다. 그가 김병완칼리지 네이버 카페 게시판에 직접 남긴 계약 후기이다.

안녕하세요. 저자되기 12기 주말반 고명환입니다.

저자되기 주말 반에서 김병완 작가님이 가르치는 대로 쓰라면 쓰고 읽으라면 읽고 다음 주까지 과제 주시면 써서 갔다.

그리고 지난 토요일(17일) 밤 10시에 역사적인 첫 원고 투고를 했다. 토요일에 원고 투고를 하고 나니 일요일에도 메일을 자꾸 열어보게 된다. 메일이 몇 개 오긴 했는데 모두 반송된 메일이었다. 그리고 월요일 아침! 9시! 약속이라도 한 듯이 전화가 오기 시작한다.

"네 00 출판사인데요. 출간하고 싶습니다."
"네 00 출판사인데요. 오늘 당장 만나서 출간 관련 미팅하고 싶습니다."

저자되기 김병완칼리지 책쓰기 수업은 정말 위대한 수업입니다. 우리가 살면서 일을 할 때 가장 행복합니다. 나이가 들수록 이 생각은 점점 더 강해지네요. 근데 우리는 60세가 넘으면 일하기가 정말 힘든 나라에 살고 있습니다. 100세까지 살아야 하는데 말이에요. 90세가 넘어서도 현역에서 일할 수 있는 유일한 직업이 책쓰기입니다. 이건 대학을 졸업하고 대학원에서 박사학위를 딴 사람도 방법을 모르면 할 수 없는 직업이에요. 근데 김병완 작가님이 단 7주 만에 저자가 될 수 있게 만들어 주시네요. 그냥 시키는 대로만 하면 됩니다.

전 지금 너무도 설레고 흥분되고 놀랍고 행복한 기운에 젖어 있습니다. 책이 출간되고 안 되고 떠나서 이렇게 출판사에서 연락이 오게 만드는 방법을 배웠으니까요. 수업료가 전혀 아깝지 않습니다. 우리가 대학에 몇천만 원 주고 4년 넘게 시간을 투자해도 취업을 못 하는데 7주 만에 죽을 때까지 나 스스로 할 수 있는 기술을 배웠으니 정말 수업료가 아깝지 않죠. 다시 한번 김병완 사부님께 평생직장을 마련해 주신 은혜에 깊이 감사드립니다.

그렇다. 책쓰기 기술만 익히면, 평생직장을 가진 것과 다름없다. 책을 써서 먹고 살 수 있기 때문이다. 진짜다. 필자가 그렇고, 필자의 수업을 들은 많은 사람이 그렇다. 평생 현역으로 활동할 수 있는 매력적인 직업, 품격 있는 직업이다. 돈벌이하면서 동시에 대학교를 다니는 것과 같은 배움과 성장의 도구이다. 일거양득의 성과를 얻을 수 있는 마법 같은 직업이 바로 작가다. 책을 한 권 써낼수록 생각과 경험은 넓어지고 깊어진다. 생계와 학업을 동시에 할 수 있는 이런 직업이 세상에 어디 있을까? 책쓰기는 당신에게 많은 자유와 기회를 선사한다.

자신의 삶을
콘텐츠로 만들어라

부자가 되고 성공하는 가장 효과적인 방법은 무조건 열심히 일하는 것이 아니다. 그것은 콘텐츠를 만드는 것이다. 그것도 가장 강력한 콘텐츠를 말이다. 세상에 하나밖에 없는 콘텐츠는 강력하다. 세상에 하나밖에 없는 콘텐츠를 어떻게 만들 것인가? 쉽게 만드는 방법은 없을까?

콘텐츠를 만드는 방법은 매우 많다. 크게는 영화를 제작하고, 드라마를 만드는 것도 있고, 작게는 유튜브 영상을 만드는 것도 있다. 하지만 돈도 없고 빽도 없고 실력도 없는 사람이 가장 쉽게 할 수 있는 것이 책을 쓰는 것이다. 책쓰기를 하면, 쉽게 자신의 삶을 콘텐츠로 만들 수 있다.

디자인은 언제나 중요했다. 디자인이 대세였던 시대도 있었다. 하지만 디자인보다 더 강력한 것이 나타났다. 바로 콘텐츠이고, 스토리다. 콘텐츠, 스토리가 더 중요해 지고 있는 이유는 무엇일까? 디자인이 좋으면, 하나의 제품을 잘 팔 수 있다. 하지만, 콘텐츠와 스토리는 수백 개의 부가제품을 팔 수 있다. 드라마가 인기를 끌면, 드라마 주인공 캐릭터 인형 사업이 잘되고, 촬영 장소가 관광 명소가 되고, 주인공이 입었던 옷과 차가 잘 팔리게 된다. 주인공의 '라이프 스타일'은 금세 대중화된다. 디자인은 그 자체만 팔지만, 콘텐츠와 스토리는 관련된 모든 것을 팔 수 있다.

미래학자 롤프 옌센은 정보 사회의 태양이 지고, '드림 소사이어티'라는 새로운 태양이 뜨고 있다는 것을 예견했다. 여기서 '드림 소사이어티'란 '이야기(스토리)를 기반으로 하여 움직이는 사회'를 말한다.

세계적인 미래학자 다니엘 핑크도 또한 스토리의 중요성을 강조하고 있다. 논리적이고 분석적인 능력만으로는 더는 성공을 보장할 수 없다. 콘텐츠, 스토리가 있어야 한다는 것이다. 성공적인 기업가가 되기 위해서는 회계. 재무 과학에 스토리 기법을 결합할 수 있어야 하고, 디자인과 마찬가지로 스토리는 개인과 기업이 공급 과잉 시장에서 자신의 상품과 서비스를 차별화하는 중요한 수단으로 부상하고 있다.

디자인의 중요성은 누구나 알고 있다. 하지만 스토리의 중요성은 잘 모르고 있다. 특히 그것이 비즈니스에도 중요하다. 눈에 보이는 디자인보다 더 강력한 것은 보이지 않는 콘텐츠와 스토리다. 책을 쓴다는 것은 자신을 팔 콘텐츠와 스토리를 만드는 것이다. 자신의 삶을 스토리와 콘텐츠로 만드는 작업이 책쓰기다.

이 시대를 움직이는 것은 콘텐츠며, 스토리다. 영웅이나 천재의 스토리에 열광하던 시절이 있었다. 하지만 시대가 달라졌다. 일반 군중은 영웅이나 천재보다 평범한 당신의 스토리를 더 간절하게 원한다. 새로운 시대가 왜 그토록 당신의 스토리를 간절히 원할까?

현대인들은 자신의 이야기를 잃어버렸다. 자신의 스토리가 없고, 콘텐츠가 없다. 이것보다 더 서글픈 일도 없다. 책쓰기는 이것을 회복시켜 준다. 책쓰기는 당신에게 자신의 이야기를 찾아가게 해 준다. 독자에게는 간접 경험을 하게 해 준다. 책쓰기는 그 과정이다.

이 시대만큼 이야기를 잃어버린 때는 인류 역사상 없었다. 현대인들이 타인의 스토리에 감동하고 열광하는 것도 바로 이것 때문이다. 대리만족하기 위해 타인의 스토리를 간절하게 원하는 시대다. 드라마에 열광하는 이유도 이것이다. 스토리를 가지고 있는 사람은 삶이 달라진다. 삶이 풍요로워진다. 스토리의 힘 때문이다.

한때 인문학 열풍이 불었다. 그 이유도 이것이다. 스토리는 과거에도 인류를 움직였고 인류를 대변했다. 하지만 지금은 그 어떤 시대보다도 강력해 졌다. 현대인들이 너무 바쁘고, 다람쥐 쳇바퀴 도는 것과 같은 기계적이고, 메마른 삶을 살아가고 있기 때문이다. 한 마디로 현대인들은 외롭다.

과거에는 가난했지만, 자신의 삶과 이야기가 있었다. 하나의 작은 인문학이었다. 하지만 지금은 물질적으로는 풍요로워졌지만, 정신은 더 빈약해졌고, 무엇보다 자신의 삶과 이야기를 상실했다. 스토리는 우리가 잃어버렸던 감성과 삶의 목적과 의미, 자기 자신의 삶에 대한 이해를 되찾을 수 있도록 해 주는 가장 강력한 도구이다. 스토리는 콘텐츠의 주요한 구성 요소이다. 강력한 스토리가 받쳐주는 콘텐츠는 그 나름대로 굉장한 힘을 가지게 된다.

48분 책쓰기는 무엇보다 당신에게 스토리를 되찾게 해 준다. 자신의 삶을 콘텐츠로 만들 수 있게 해 준다. 당신이 지금 당장 펜을 들어야 할 충분한 이유다. 48분 기적의 독서법을 읽고, 독서를 시작했다면, 이제 48분 책쓰기를 읽고, 책쓰기를 시작해야 한다.

제 1 0 장

48분 책쓰기의 위력은
상상을 초월한다

"책쓰기와 글쓰기는 엄연하게 다르다. 그럼에도 많은 독자가 글쓰기와 책쓰기가 하나라고 생각한다. 이렇게 글쓰기와 책쓰기를 동일한 것으로 간주하는 사람이 책쓰기를 하면 어떤 문제가 생길까? 독자가 없는 무늬만 작가인 사람들이 대량 양산된다는 것이다. 즉 책이 어떻게 해서 우여곡절을 거쳐서 힘들게 출간된다고 해도 그 책을 읽고, 독자가 되고 팬이 되는 사람들이 거의 없는 그런 부류의 책이 될 가능성이 크다. 그 이유는 무엇일까? 글쓰기는 자신과의 대화라면, 책쓰기는 독자와의 대화이기 때문에, 성격이 정반대라는 점을 명확하게 인식할 수 있어야 책쓰기를 잘 해낼 수 있기 때문이다. 글쓰기는 자신과의 대화다. 하지만 책쓰기는 반드시 종착역이 독자의 마음, 독자여야 한다. 실제로 글쓰기는 잘하면서 책쓰기는 못하는 사람들이 많다. 그것은 책쓰기가 훨씬 더 복합적인 창작 행위이기 때문이다." 〈김병완, [퀀텀 책쓰기], 307~308쪽〉

최고가 되는
사람들의 공통점

　최고가 되는 사람들은 뛰어난 집중력이 있고, 그로 인해 삶이 심플하다. 정신이 맑고 풍요롭다. 조급해하지 않고 인색하지 않고 안달하지 않는다. 조바심내지 않고, 한 분야만을 깊게 판다. 여우처럼 이것저것 기웃거리지 않는다. 고슴도치처럼 하나에만 집중한다. 여우와 고슴도치 전략 중에 당신은 어떤 것을 선택할 것인가?

　최고가 되는 사람들은 평상심을 유지할 줄 안다. 결과에 연연하지 않는다. 그저 자신이 하는 일에 최고의 기쁨과 즐거움을 누릴 줄 안다. 최고가 되는 사람들은 이미 성공한 것이다. 일할 때, 이미 행복한 상태이기 때문이다. 최고의 집중력과 평상심을 유지할 수 있는 비결이다.

　대한민국 성인 5000명이 배우고, 미국에도 소문난 '퀀텀독서법'을 창안할 수 있었던 비결도 이것이었다. 실력과 재능이 아니라, 한 가지만 깊게 팠기 때문이다. 3년 동안 매일 도서관에 출근해서, 온종일 책만 읽는 그런 심플한 생활과 몰입이 나를 성장시켜 준 원동력이다.

독서하는 것, 그 자체가 행복이기 때문에, 3년 동안 친구도 안 만나고, 술자리나 모임에도 나가지 않고, 골프도, 취미 생활도 하지 않았고, 해외여행도 가지 않았다. 3년 1000일을 꼬박 도서관에 처박혀 책만 읽는 그런 심플한 생활이 가능했다. 누군가는 이런 도서관 생활이 산속에 들어가 도를 닦는 생활과 다를 바 없는 '금욕의 시간' 같다고 말하지만, 필자에게는 행복의 시간이었다.

도서관에서 책만 읽으면 유익한 점이 한둘이 아니다. 역사상 최고의 대가들과 고수들을 매일 만날 수 있고, 무엇을 하더라도 최고에게 배울 수 있다. 필자는 책쓰기 학교, 독서법 학교를 8년 동안 운영해오고 있다. 책쓰기 수업을 통해 8년 동안 500명의 작가를 배출했다. 책쓰기, 독서법 수강생들은 대부분 전국에서 김병완칼리지가 있는 강남으로 온다.

책쓰기도, 독서법도 자전거 타기처럼 배워야 한다. 전문가에게 체계적으로 배우면, 그만큼 실력이 일취월장하는 것은 바이올린이나 피아노를 배우는 것과 같다. 독학하는 것보다 전문가에게 배우면 학습 속도가 훨씬 빠르고, 더 수준 높게 성장할 수 있다. 독학과 수업은 확실하게 차이가 있다. 코치의 수준도 매우 중요하다. 최고가 되고 싶다면, 최고에게 배워야 한다.

헬스도, 요가도 전문가에게 배워야 더 높게 성장할 수 있다. 책쓰기도 마찬가지다. 책쓰기도, 독서법도 최고에게 배워야 최고가 될 수 있다. 실력이 없는 코치에게 배우면, 책쓰기에 대한 재미와 즐거움도 상실하게 되고, 앞으로 많은 책을 출간할지도 모르는 사람이 평생 책쓰기와 담을 쌓게 되는 안타까운 상황이 발생할 수도 있다. 최고에게 배우면, 책쓰기의 재미와 즐거움을 맛 볼 수 있고, 책쓰기에 날개를 달 수 있고, 베스트셀러 작가로 도약할 수도 있다.

최고의 책쓰기 코치는 어떤 사람일까?

① 책 출간 경험이 많아야 한다. 출간한 책이 수십 권 이상이어야 한다. 집필 경험은 절대적으로 중요하고 무시할 수 없기 때문이다. 백 권 이상 출간한 사람이면 더 좋다.

② 베스트셀러 작가인지 체크해야 한다. 즉 책의 수준을 봐야 한다. 출간된 책들이 어느 정도 읽히고, 인정받는 책인지, 아니면 출간된 책의 양은 많지만, 인정받는 책이 없다면, 심각한 문제다. 실력은 없고, 포장만 잘 된 경우이기 때문이다. 출간된 책의 양은 많은데, 당신의 기억에 남는 좋은 책이 한 권도 없다면, 빛 좋은 개살구이다. 분명 거품이고 포장이다. 지금 이 시대에는 돈만 있다면, 충분히 자비 출간도 가능하고, 실제로 이런 사람이 많다. 생각보다 세상에 가짜가 많다. 자기계발 1위 베스트셀러 작가라면 더 이상 볼 필요도 없다.

③ 실제로 가르쳐 본 경험이 풍부해야 한다. 최소 몇 년 이상 수백 명에게 가르쳐 본 경험이 있는 코치여야 최고라고 할 수 있다.

책을 쓰는 것과 가르치는 것은 다르다. 좋은 축구 선수가 반드시 훌륭한 감독이 되는 것은 아니다.

④ 오랜 시간 수강생들이 꾸준히 참여하는 곳인지 봐야 한다.

⑤ 수강생이 지인이나 가족에게 자신 있게 추천하는 곳인지를 보는 것이다.

⑥ 수강생 중에 베스트셀러 작가로 도약한 사람이 많다면, 믿을 만하다.

⑦ 코치와 수강생이 수업 종료 후에도 관계를 잘 유지하는 곳인지 봐야 한다.

세상에는 가짜도 많고, 거품도 많다. 광고를 잘해서 많이 팔리지만, 소비자들이 욕하고, 다시는 재구매하지 않는 품질이 낮은 상품도 많다. 이런 경우 광고에 낚인다고 말한다. 광고하지 않지만, 입소문만으로 계속해서 팔리고, 소비자가 감동하는 상품도 있다. 책쓰기 수업도 그렇다. 전자와 같은 곳도 있고, 후자와 같은 곳도 있다. 김병완칼리지의 책쓰기 수업은 누구나 흉내 낼 수 있고, 할 수 있다. 하지만 김병완칼리지 책쓰기, 독서법 수업의 성과는 실력과 내공이 없으면 절대 흉내 낼 수 없다. 세상에 공짜는 없기 때문이다.

48분 책쓰기는
상상을 초월한다

"책쓰기를 그저 출세와 성공의 수단, 돈벌이 수단으로만 여겨서는 자신도 잃고, 책도 잃고, 세상도 잃는다."〈김병완의 책쓰기 혁명〉

우리 선조들은 책쓰기를 공부의 수단으로, 성장의 수단으로 생각했다. 그래서 책 읽기조차도 매우 조심하고 경계하면서 해야 한다고 조언했다. 하물며 책쓰기는 어떠해야 하겠는가?

책쓰기는 정말 인생 최고의 공부이며, 성장이며, 도전이다. 그런데 이렇게 멋지고 아름답고 가치 있는 행위를 단순히 돈벌이로 전락시켜서는 안 된다. 책쓰기는 그 이상이기 때문이다. 책쓰기는 훨씬 더 의미와 가치, 보람과 영향이 큰 행위이다.

이런 말을 쉽게 접할 수 있는 시대다. '책쓰기를 통해 억대 연봉이

돼라.' ' 책쓰기를 통해 억대 수입을 창출해라.' ' 책쓰기로 1인 기업가가 돼라.' '책쓰기로 부자가 되라.' 물론 맞는 말이고, 부정하지 않는다. 하지만 책쓰기는 그 이상의 가치가 있는 행위다.

밥을 먹는 것은 생존하고, 몸을 건강하게 만들어, 활기차게 생활하기 위한 것이다. 더 큰 일을 하고, 의미 있고 가치 있는 삶을 살기 위해서다. 밥을 먹어야 공부도 하고, 일도 하고, 자식도 낳고 키운다. 그렇다고 해서 인생 최대의 목표를 그저 '밥을 먹는 것'으로 정해서는 안 되는 것이다.

책쓰기도 이와 같다. 책쓰기를 하면 돈도 벌 수 있고, 성공도 할 수 있고, 출세도 할 수 있다. 그럼에도 책쓰기를 밥벌이로만 연결해서는 안 된다. 먹고 사는 것이 힘든 사람에게는 밥벌이만큼 더 숭고한 것도 없다. 책쓰기가 바로 그렇다. 책쓰기는 몽상이 아닌 현실이다.

결혼이란 무엇일까? 결혼을 단순히 육체적인 부부관계로만 정의하는 사람이 있다고 하면 어떨까? 코끼리의 다리만 만지고 코끼리를 설명하는 것과 같다. 결혼은 그것보다 훨씬 더 높은 가치와 의미가 있다. 자녀는 온 우주보다 더 귀한 존재이며, 행복의 원천이다. 자녀를 낳아 본 적이 없는 사람은 절대 이해 못 한다. 자녀라는 존재의 크기를 절대 상상도 못 한다.

결혼은 두 사람이 함께 세상 풍파를 겪으면서, 자녀를 낳고, 키우면서 가정이라는 작은 우주를 만들어나가는 과정이다. 거기에는 삶의 희로애락이 다 담겨 있고, 온갖 즐거움과 고통, 상처와 아픔까지도, 영광과 희열까지도, 함께 누리고 함께 겪으면서 살아내는 것이다.

책을 쓴다는 것은 어마어마한 일이다. 한 사람의 인생이 담길 수도 있고, 한평생 경험과 지식과 교훈이 담길 수도 있다. 책에는 세상의 모든 지혜와 통찰, 이야기와 역사가 담기기 때문이다. 그래서 한 권의 책은 사람을 바꾸고, 심지어 국가를 바꾸기도 한다.

단 두 권의 책이 한 나라를 바꾼 사례가 있다. 바로 근대 일본이다. 근대 일본을 만든 두 권의 책이 존재하고, 중국에는 중국인들을 오래오래 행복하게 해 주고 있는 단 한 권의 책이 존재한다. 중국인들은 그 책을 만리장성과도 바꾸지 않겠다고 했다. 영국을 부강한 나라로 도약시킨 단 한 권의 책도 존재한다. 이처럼 책은 위대하다.

책의 위력은 상상을 초월한다. 그러므로 책을 쓴다는 것은 엄청난 일이다. 책이 이렇게 엄청난 위력을 가지는 것은 책의 특성 때문이다.

우리는 지렛대만 있으면 지구도 들 수 있다. 내가 힘이 슈퍼맨이라서 지구를 들 수 있는 것이 아니라 지렛대라는 도구의 힘 때문이다. 책도 마찬가지다. 그러므로 책은 지렛대와 같은 것이다. 지렛대만 있으면 아주 무거운 물체도 들 수 있다. 책쓰기를 너무 거창하게 생각해서도 안 된다. 지렛대를 이용해 지구를 들어 올린다고 해도 지렛대 자체를 거창하게 생각하는 사람은 없다. 그럼에도 지구를 들 수 있다는 것은 엄청난 일이다. 48분 책쓰기는 당신에게 지렛대가 되어준다. 48분 책쓰기의 위력은 당신의 상상을 초월한다.

미국 작가 나탈리 골드버그를 주목해야 한다. 우리가 배워야 할 책쓰기 스타일인 '프리(free) 라이팅' 기법의 선구자이기 때문이다. '문법과 형식의 구애를 받지 않는 스타일'이며, 무엇보다 '의식의 흐름을 따라가며 거침없이 자유롭게 글을 쓰는 자유로운 글쓰기'를 뜻한다.

이러한 '프리 라이팅'(free writing) 기법을 처음 명명한 사람은 피터 엘보이다. 그는 『선생님 없이 글쓰기(Writing Without Teachers)』(1975)라는 책에서 처음 명명했고, 그 후 나탈리 골드버그의 『뼛속까지 내려가서 써라(Writing Down the Bones)』(1986) 와 줄리아 캐머런의 『아티스트 웨이(The Artist's Way)』(1992)를 통해 많은 이들에게 알려지기 시작했다.

원래 '프리 라이팅' 기법은 시인들이 즐겨 쓰던 방법이다. 그런데 산문 분야에서도 사용하기 시작했다. 도러시아 브랜디가 『작가 수업』을 통해 구현 방법을 제시했다. 필자에게 가장 큰 용기와 힘을 준 것이 프리 라이팅 기법이다. 문법이나 규칙에 심하게 구속당하지 않고, 자연스럽게 책쓰기와 친해질 수 있다. 부담감이 낮아지는 데도 일조를 했다. 책쓰기는 자유로운 행위다. 이것을 가능하게 해 준 것이 프리 라이팅 기법이다.

프리 라이팅 기법이 우리에게 선사하는 진짜 선물은 책쓰기가 더는 몽상이 아닌 현실이며, 상상이 아닌 일상이라는 점을 깨닫게 해 준 것이다. 책쓰기는 현실이고 일상이다. 농부는 매일 농사를 지어야 하고, 어부는 매일 바다에 나가야 하듯, 작가는 매일 글을 써야 한다. 즉 작가란 매일 글을 쓰고 또 쓰는 사람이다. 매일 글을 쓰는 사람이 되기 위해서 가장 필요한 것은 모든 것에서 벗어나서, 자유롭게 쓰기를 하는 것이다. 일상은 구속되면 절대 할 수 없다. 일상은 자유여야 한다. 자유롭게 써야 매일 할 수 있다. 일상에 녹아들어야 많이 쓸 수 있고, 즐길 수 있다. 심리적 부담감을 없앨 수 있다.

　필자가 추천하는 책쓰기 스타일이 있다면, 자유롭게 쓰는 것, 책쓰기를 일상으로 만드는 것이다. 피터 엘보는 자유롭게 쓰기에 대해서 자신의 저서인 [힘 있는 글쓰기]란 책을 통해 이렇게 말하고 있다.

"자유롭게 쓰기는 내가 아는 한 글을 써내는 가장 손쉬운 방법이며 최고의 만능 연습법이다. 자유롭게 쓰기 연습을 하려면 그저 십 분간 멈추지 않고 강제로 쓰면 된다. 때로는 좋은 글이 나올 테지만 그것은 우리의 목표가 아니다. 한 주제에 집중해도 좋고 이 주제에서 다른 주제로 갈마들어도 좋다. 때로는 의식의 흐름을 잘 기록한 글이 나올 테지만, 의식의 흐름을 계속 따라가기는 무리일 것이다. 자유롭게 쓰기를 하면 때때로 가속이 붙겠지만 속도는 우리의 목표가 아니다."〈피터 엘보, [힘 있는 글쓰기], 52쪽〉

　자유롭게 쓰기의 가장 큰 이점은 글쓰기의 뿌리에 깔린 심리적 어려움을 덜어내어 글을 더 쉽게 쓸 수 있게 해 준다는 것이다. 그뿐만 아니라 자유롭게 쓰기는 글감을 떠올리는 데도 보탬이 된다. 자유롭게 쓰기를 하면 글쓰기 실력이 향상된다. 믿기 어렵겠지만 실제로 해 보면, 그 효과에 놀란다. 책쓰기는 몽상이 아니라 현실이다.

프리 라이팅을 접목하면
게임이 된다

나탈리 골드버그는 자신의 명저인 [뼛속까지 내려가서 써라]에서 양이 질보다 중요하다는 사실에 대해서 끊임없이 강조하고 있다. 하지만 독자들에게 절실한 것은 어떻게 그 양을 채우냐 하는 것이다. 재미가 없고, 힘든 것이 책쓰기라면 아무도 그 양을 채울 수 없다. 하지만 48분 책쓰기와 프리 라이팅이 만나면 재미가 생기고 게임이 된다. 48분 책쓰기가 성공하기 위해서는 한 가지 전제가 맞아야 한다. 그것은 재능이 없는 사람도 양으로 승부하면 성공할 수 있다는 전제다. 이것이 사실이어야 48분 책쓰기가 성공 도구가 된다.

"나는 한 달에 노트 한 권은 채우도록 애쓴다. 글의 질은 따지지 않고 순전히 양만으로 내 직무를 판단한다. 그러니까 내가 쓴 글이 명

48분 기적의 책쓰기 : 하루 10문장이 1년 후에는 책 한 권이 된다

문이든 쓰레기이든 상관없이 무조건 노트 한 권을 채우는 일 자체를 중요하게 생각하는 것이다. 만약 매달 25일이 되었을 때 노트가 다섯 장밖에 채워져 있지 않다면, 나는 나머지 5일 동안 전력을 다해 나머지 노트를 꽉 채우고야 만다."〈나탈리 골드버그, [뼛속까지 내려가서 써라], 59쪽〉

책쓰기에 도전할 독자들이라면, 이런 원칙을 하나 정도 만들어 놓는 것도 나쁘지 않다. 필자도 역시 나탈리 골드버그와 비슷한 글쓰기 원칙을 오래전부터 가지고 있다. 그것은 매일 한글 워드로 1페이지를 쓰는 것이다. 비가 오고 눈이 와도, 심지어 지방으로 강의하러 가는 날에도 1페이지를 꼬박 쓴다. 무조건 쓰려고 노력한다.

대부분의 위대한 거장들은 모두 다작가라는 공통점을 가지고 있다. 이 사실은 한 가지를 말해준다. 재능이 없어도, 성실하면 위대한 거장이 될 수 있다. 즉 재능이 없어도, 일단 시작하고, 양으로 승부하면 된다.

'양이 질을 낳는다.'

양이 질을 낳고, 양이 재능을 이긴다는 사실을 잘 말해주는 사례를 필자가 처음 깨닫게 해 준 고마운 책이 있다. 바로 [예술가여 무엇이 두려운가]라는 책이다.

"수업 첫날 도예 선생님은 학급을 두 그룹으로 나누어서, 작업실의 왼쪽에 모인 조는 작품의 양만을 가지고 평가하고, 오른편 조는 질로 평가할 것이라고 말씀하셨다.

평가방법은 간단했다. 수업 마지막 날 저울을 가지고 와서 "양 평가" 집단의 작품 무게를 재어, 그 무게가 20킬로그램 나가면 "A"를 주고, 15킬로그램에는 "B"를 주는 식이다. 반면 "질 평가" 집단의 학생들은 "A"를 받을 수 있는 완벽한 하나의 작품만을 제출해야만 했다.

자, 평가 시간이 되었다. 그런데 이상한 일이 생겼다. 가장 훌륭한 작품들은 모두 양으로 평가받은 집단에서 나왔다는 사실이다. "양" 집단이 부지런히 작품들을 쌓아나가면서, 실수로부터 배워 나가는 동안, "질" 집단은 가만히 앉아 어떻게 하면 완벽한 작품을 만들까 하는 궁리만 하다가 종국에는 방대한 이론들과 점토 더미 말고는 내보일 게 아무것도 없게 되고 만 것이다."〈출처: 데이비드 베일즈, [예술가여, 무엇이 두려운가!(Art and Fear)], 루비박스, 51~52쪽〉

이 책이 필자를 바꾸어 놓았다. 실패를 두려워하지 않게 해 주었고, 재능이 없어도 도전할 수 있는 용기를 주었다. 참 고마운 책이다. 양이 질을 낳는다는 것을 이 책을 통해 확신하게 되었다.

양이 질을 낳는다는 사실을 알았지만, 어떻게 양을 채울 것인가가 마지막 숙제다.

48분 책쓰기와 프리 라이팅이 만나면 가능하다. 프리 라이팅을 통해 얻게 되는 것들이 적지 않다. 첫 번째는 아무런 방해도 받지 않고 편하게 글을 쓸 수 있게 된다는 것이다. 두 번째는 주의력과 집중력을 극적으로 향상할 수 있다.

'프리 라이팅 훈련을 통해 얻게 될 가장 중요한 소득은 아무런 방해도 받지 않고 자기 생각과 말을 편안한 마음으로 종이에 옮기게 된다는 점이다. 오히려 쓰는 행위를 통해 여러분은 더 편한 마음을 갖게 될 것이다. 또 창조적 기능이 늘 무엇인가를 제공한다는 사실도 배우게 될 것이다. (……) 프리 라이팅 훈련은 또한 정신 집중력을 극적으로 향상할 수 있다. 프리 라이팅 훈련을 하는 동안에는 마음속에 떠오른 생각에 좀 더 집중하게 됨으로써 이런 목소리들은 머릿속에서 사라질 수 있다. 이 말은 결국 많은 훈련을 거치면 더 능률적으로 머릿속에서 사라질 수 있게 된다는 뜻이다.' 〈바버라 베이그, [하버드 글쓰기 강의], 45쪽〉

무엇보다 프리 라이팅 기법은 의식의 흐름을 그대로 기록함으로써 감정과 상황을 정확하게 성찰하게 해 준다. 어떠한 현실적인 문제라도 충분히 살펴볼 수 있게 도와준다. 책쓰기가 치유와 회복의 효과가 있는 것도 이 때문이다. 책쓰기는 기술이면서 동시에 처방이며 솔루션이다.

이 기법은 놀랍도록 효과적인 연습 방법이다. 48분 책쓰기만 해도 강력하다. 여기에 프리 라이팅 기법을 접목해서 연습하면, 효과는 더 강력해진다. 무엇보다 부담감이 사라지고, 재미가 추가된다. 재미가 추가되면, 게임처럼 즐길 수 있게 된다. 48분 책쓰기와 프리 라이팅이 만나면, 게임이 되는 것이다. 게임처럼 즐길 수 있어야 매일 할 수 있고, 오래 할 수 있다.

모든 사람이 위대한 작가가 될 필요는 없다. 될 수도 없다. 하지만 자신의 이름으로 된 책 한 권은 충분히 쓸 수 있다. 48분 책쓰기에 프리 라이팅을 접목하면 당신도 작가가 될 수 있는 이유다.

부록

대한민국 넘버원 책쓰기 독서법 학교
김병완칼리지 책쓰기 수업 수강생 리얼 후기

2021년, 9명의 김병완칼리지 책쓰기 수업 수강생이 연속 베스트셀러로 등극을 하셨습니다. 많은 수강생이 생애 최초의 출간임에도 출간 즉시 베스트셀러로 등극하는 일이 비일비재한 곳이 김병완칼리지입니다. 책쓰기 수업은 누구나 흉내 낼 수 있지만, 성과와 내공은 아무도 흉내 낼 수 없습니다.

20년 된 버킷리스트 중의 하나

: 책쓰기 수업 125기 김* 작가

직장생활을 시작한 지 20년이 조금 넘었습니다. 다람쥐 쳇바퀴 돌 듯 흘러갔습니다.

새벽 출근, 회사, 야근, 퇴근, 회식, 출장, 피곤한 주말, 정신없던 휴가, 다시 회사….

반복되는 일상 속에서 삶의 의미를 잃어가고 있었습니다. 의무감으로 직장을 다니고 있는 저 자신을 발견했습니다. 손가락 사이로 스르륵 빠져가는 모래처럼 소중한 것을 잃어가는 기분이 들었습니다. 쓸쓸히 내려다본 양손에는 아무것도 남지 않은 것 같은 허무함이었습니다.

그러다가 2020년 9월 '김병완 칼리지'를 만났습니다. 글을 쓰는 법을 배웠습니다. 책을 만드는 이야기를 들었습니다. 주제를 정하고,

목차를 만들고, 자기소개, 서문을 만들었습니다.

출간기획서를 만들어서 출판사로 보냈습니다. 거짓말처럼 세 군데 출판사에서 연락이 왔습니다. 출판사를 만나 이야기를 들어보고 '000'이라는 출판사와 계약을 했습니다. 퇴근 후, 주말에 조금씩 글을 써서 출간하게 되었습니다.

책쓰기는 20년 된 버킷리스트 중의 하나였습니다. 중요한 것은 열정이 없었던 것이 아니라,

책을 쓰는 방법을 몰랐던 것입니다. 책쓰기 수업은 책을 써주는 것이 아니라 책 쓰는 법을 알려줍니다.

첫 번째 책이 나오고 지금은 두 번째, 세 번째 책을 준비하고 있습니다. 특별할 것 없던 평범한 20년 차 직장인도 작가가 되었습니다. 김병완 칼리지를 통해서 작가에 도전해보시기 바랍니다.

단 23일 만에 원고 투고 및 계약 성공

: 김병완 칼리지가 최고인 솔직한 이유

출간기획서를 완성하고 개인적인 사정으로 저녁에 일찍 투고하게 되었다. 드디어 대망의 투고! 출판사 피칭!!! 메일을 보내려는데 시험 칠 때 마냥 손이 찌릿찌릿했다.

김병완 작가님은 장담하셨다. "작가님의 책은 100% 계약에 베스트셀러 등극 100%"라고 김병완칼리지의 최고 수제자라고 늘 칭찬해주셨기에 (코치님은 워낙에 칭찬을 잘 해 주신다 하하) 떨리면서도 기대하는 마음이 더 컸다.

두둥! 결과는?

출판사들 출근 시간 개시하고 30분쯤 지난 월요일 9시경 제일 먼저 한 출판사에서 출간제의 전화를 받았다. 꼭 함께하고 싶다고 적극적인 표시를 했다. 이 출판사에서 만든 책을 최근에도 여러 권 봤었다. 메일 수신함을 보니 아직 기획서를 안 본 곳이 태반이라 다른 곳도 쭉쭉 연락이 올 것 같다 :) ㅎㅎㅎ

초특급 LTE 계약이다. 정말 스스로도 믿기지 않는다.

김병완 칼리지는 정말 내공 있는 곳이다. 작가님은 스스로 독서에 미친 자라 부르며 책쓰기에 몰입하고 어린아이가 놀이터에서 놀 듯 책을 쓰라고 한다. 성공이 아닌 자신의 성장과 변화, 혁신을 위한 책쓰기를 강조하신다.

저서도 독서법, 인문학, 책쓰기, 공부법, 성공학, 뇌 과학 등 굉장히 다양하고 전문성이 있다. 작가님의 책은 정말 탁월하다. 달리 베스트셀러 1위가 아니신 듯하다. 김병완 작가님께 여러 번 감탄한 것은 언제나 수강생들을 진심으로 존중하고 제자로, 같은 작가로 대해주신다는 것이다.

"책쓰기라는 같은 비전을 공유한 동행자로 높여주고 힘을 북돋아주신다."

앞으로도 바르게 겸손하게 따뜻하게 베풀며 살아갈 것이다. 책쓰기 방법뿐 아니라 그런 성공자의 모습을 김병완 칼리지에서 코치님께 배웠다. [반전이 있다] 이 글은 6주 차 수업도 하기 전에 미리 골자를 짜서 써 두었던 글이다. 투고 날 계약 때문에 도저히 카페에 글을 남길 시간이 없을 것 같아 미리 써 보았는데 역시나 이루어졌다.

7주 후 책쓰기 수업 후기

: 120기 서**

120기 서**입니다.

김병완 칼리지 책쓰기 수업은 나의 생의 커다란 선물이었다. 나는 책쓰기 수업을 통해 엄청난 무형의 자산을 만들었다. 수업을 듣고 나의 사고의 폭이 수직으로 수평으로 확장되었다.

작가 선배님들에 따르면 "김병완칼리지 책쓰기 수업 훈련은 대한민국 최고 중의 최고"이다. "김병완 대표님의 피드백은 내 안에 있던 원석을 꺼내 보석으로 만들어 낸다."

나는 이번 책쓰기 수업 통해 선배님들의 체험담 그대로 100% 경험을 했다. '목차'에서 김병완 대표님의 피드백은 신기한 마법 같았다!!!

나는 수업을 마친 7주 후에 각 출판사에 원고를 보낸 뒤 러브콜을 받았다. 이 결실의 중심에는 김병완 칼리지 대표님의 보석 같은 훈련이 있었다.

7주 동안 훈련받는 사람과의 관계는 무척 중요한 요소라고 할 수 있다. 무엇보다 대표님의 품성이 글로벌 스탠드였다. 대표님의 좋은 인성에서 나오는 정서적 지지는 내가 매진하는 힘이 되었다.

나는 남해에서 7주간 다녔다. 첫차 고속버스를 놓치지 않으려고 새벽 2시에 일어났다. 서울에서 수업 마치고 집에 도착하면, 어느 때는 새벽 2시 넘을 때도 있었다. 그래도 수업받고 집을 향한 마음은 행복했었다. 수업마다 역동적인 피드백과 책이 완성되어 가는 과정을 눈으로 볼 수 있는 기쁨, 또한 사고의 폭이 무한히 확장되어 가고 있었기 때문이다.

나는 이번 책쓰기 수업에서 "김병완 칼리지 책쓰기 수업은 대한민국 최고 중의 최고" "원석에서 보석으로"라는 경험을 했고, 이 경험의 결실로 출판사와 계약을 맺는다. 생의 가장 커다란 선물을 받았다.

내가 체험한 '책쓰기 수업' 경험을 적극적으로 공유하고 싶고, 강력추천!! 강력추천!! 강력추천!! 강력추천!!~~~ 하고 싶다.

원고 투고 즉시 출간 제안, 어제 계약했습니다 : 113기

3월 27일 글쓰기 마지막 강의 마치고 투고했다. 약 1시간 뒤 출간 제의 전화 왔고, 연이어 다른 출판사에서도 제의 왔다. 며칠 검토하여 어제 한 출판사에 계약했다. 선정 이유는

1) 전화와 문자로 적극적 출간 의사 표명
2) 김병완 칼리지 출신 베스트셀러작가(4만 부 판매, TV 등 출연) 탄생 출판사
3) 선인세 8%, 초판 2천 부
4) 원고 전달 후 2개월 이내 출간 약속
5) 많은 베스트셀러 출간 경험

특히 출판사 대표는 원고 빨리 넘겨달라며 관심을 보였다. 글쓰기 완료 당일 투고에 출간 제의도 감사한 데 출판사를 선정해야 하는 기적 같은 일이 발생했다.

김병완 칼리지에서는 기적이 아니고 늘 발생하는 일이다. 4만 부 베스트셀러 작가도 김병완 칼리지에서 책쓰기를 처음 배운 사람이라 한다. 대한민국 모든 국민이 김병완 칼리지 책쓰기 수업에 참여했으면 한다. 기적을 경험할 것이다. 출판사 계약 당일 10년 동안 나를 도와준 고마운 노트북과 이별하고 최신 노트북을 장만했다. 이제 열심히 써서 원고 완료해야 한다.

김병완 칼리지는 탁월한 선택이었고, 행운이었다. 김병완칼리지 책쓰기 학교와 김병완 선생님 정말 감사합니다.

감사합니다. 덕택에 두뇌가
풀가동되는 느낌입니다.

저는 한 달 전에 '책쓰기' 수업과 '독서법' 수업을 같이 듣고 있는 수강생입니다. 집에서 김병완칼리지까지 걸리는 시간이 왕복 10시간 이상 걸려서 이번에 수업 2개를 같이 들었습니다.

학벌이 무의미한 오늘날, 남들과 차이를 내는 방법의 하나가, '책쓰기'라고 생각했습니다. 그래서 인생의 숙제 중의 하나가 책쓰기였는데, 이번에 논문을 쓰면서 책도 같이 내고 싶었습니다. 김병완 작가님이 수업 중에 가르쳐 주시는 내용을 보며, '괜히 베스트작가가 아니구나'라는 생각이 들 정도로 만족도가 너무 큽니다.

그리고 책 욕심도 많아서 작가님처럼 1만 권을 읽는 것도 인생의 숙제였는데, 이것도 꾸준히 연습하면 가능할 거 같습니다. 지금은 속도가 나오다가도 일본어나 중국어 원서를 읽으면 다시 이해하려고

48분 기적의 책쓰기 : 하루 10문장이 1년 후에는 책 한 권이 된다

하는 습성?^^때문인지 속도가 들쭉날쭉합니다만, 수업 중에 배운 내용 중 나한테 맞는 방법을 찾으려고 노력 중입니다.

단언컨대, 원페이지 리딩 할 겁니다. 아니 양페이지 리딩도 할 겁니다. 이유는 할 때까지 제가 게시판에 글을 올릴 겁니다^^ 수업 중 앞에 앉아 있던 어린 학생이 원 페이지 리딩하는 것을 보고 무척 놀랐습니다만, 나도 이제 방법을 알았기 때문에 조만간 가능할 거 같습니다. 개인적인 생각으로 책쓰기 수업료보다 독서법 수업료가 더 비싸야 한다고 생각합니다.

이번 책쓰기를 통해서, 학위보다 더 좋은 스펙이 생겼다고 생각합니다만, 독서법을 알고 있는 지금, 앞으로 계속 읽을 많은 책을 생각하니 설렙니다. 이제 아무리 두꺼운 책도 스트레스나 거부반응이 없습니다. 제가 가장 감사한 부분은, 책쓰기와 독서법 둘 다 열심히 해서 그런지 두뇌가 풀가동되는 느낌입니다. 학창시절 때 이렇게 공부 못한 것이 아쉽습니다. 나폴레옹의 "내 사전에 불가능은 없다"라는 느낌을 조금 알 거 같습니다.

책쓰기와 독서법을 이제 배운 것이 후회됩니다만, 앞으로 살아갈 날이 많다는 것으로 위로합니다.^^ 이 모두가 김병완 선생님 비롯해서 식구들 덕택입니다. 인생에서 흥분되는 일이 최근 몇 년 동안 거의 없었는데, 이번에 익힌 '책쓰기'와 '독서법', 이 두 가지 무기가 생겨서 앞으로 나의 인생에서 일어날 일들이 더욱 흥분됩니다. 크게 성공해서 꼭 찾아뵙겠습니다. 감사합니다!

꿈이 현실로, 첫 번째 책이
출간 즉시 베스트셀러가 되다.

혹시!!! 작가가 꿈인 분들? 김병완 작가님과 함께 해보세요! 꿈은 분명 이루어집니다. 김병완 칼리지와 함께 라면요! 작년부터 인터넷을 통해 혼자 알고 있던 김병완 작가님!

갑자기 지난 2019년 11월 21일 책쓰기 특강을 계기로 작가 수업 시작했습니다. '나도 작가 되고 싶다'라는 강한 열망을 가지고 마음으로만 품고 있던 꿈을 현실이 되게 해 주신 김병완 작가님 정말 감사합니다. 제 꿈을 김병완 작가님을 통해 펼칠 수 있어서 정말 행복해요. 처음에는 '어떻게 7주 만에 책이 만들어지지?' 반신반의했어요. 그런데 김병완 작가님은 프로 중의 프로세요. 일단 읽으신 책들도 많고 책도 많이 쓰셨고요. 그리고 김병완 칼리지에서 배출된 베스트셀러 작가들이 많더라고요.

김병완 작가님과 수업을 하면서 가장 좋은 점은 작가님의 빠르고 정확한 코칭이에요. 열정이 넘치시고 수강생들에게 자신감을 주시며 따라오면 다 된다는 확신을 주셔서 마지막까지 완료할 수 있었어요.

한 사람 한 사람 모두 잘 되길 바라는 마음으로 가르쳐 주셨어요. 작가님 정말 감사합니다. 수업하면서 시간이 부족하기도 하고 익숙하지 않은 글쓰기에, 책을 완성해야 한다는 부담감에 감사를 제대로 표현하지 못해 죄송합니다. 수업 마지막 날 너무 아쉬웠어요. 또 하고 싶다……. 50군데 출판사 중에 한 출판사에서 연락이 왔으니 남은 800여 출판사에 출간기획서를 제출하면 더 연락이 오지 않을까요?

제 간절한 희망 사항입니다. 김병완 작가님!! 김병완 칼리지에서 배출한 '베스트셀러 작가'가 되고 싶어요. 인생을 살면서 결정적인 순간과 그에 따른 진짜 멘토가 있잖아요.

제 꿈을 현실이 되게 해 주신 작가님은 제 진짜 멘토세요. 잘 되었을 때 더욱 김병완 작가님을 통해 배운 내용을 머리와 가슴에 새기겠습니다. 그리고 어떻게 작가가 되었냐는 사람들의 질문에 김병완 작가님 덕분이고 다른 사람이 잘 되는 것을 기뻐하시는 분과 함께 했기 때문이라는 점을 자랑할게요. 진짜니까요.

벼가 익을수록 머리를 숙이듯이 잘 될수록 겸손한 작가가 되어 김병완 작가님을 또 찾아뵙겠습니다. 대한민국의 멘토! 김병완 작가님 언제나 건강하시고 가정과 칼리지에 기쁜 일들이 가득하시길 바랍니다. 함께 한 105기 작가님들 모두 베스트셀러 작가로 우리 2025년 뉴욕에서 꼭 만나요!

사막의 오아시스와 같은 수업,
이건 기적과도 같았다.

드디어 출판사와 미팅을 했다. 출간기획서를 보낸 지 2주 안에 이뤄낸 성과이다.

처음 김병완 칼리지 문을 두드렸을 때 '내가 할 수 있을까?'라는 생각이 지배적이었다. 그런데 첫 주에 신기하게도 제목이 나왔다.

'50대는 엉덩이가 가벼워야 한다.'

둘째 주에는 목차가 나오고, 한 주 한 주가 지날수록 서문과 출간기획서가 만들어졌다. 시간이 갈수록 그저 신기했다.

책을 쓰려고 마음먹었던 게 2년 전이다. 책 쓰기 관련 책도 많이 읽었다. 혼자 본문을 쓰고 출간기획서를 만들어 보기도 했다. 그것뿐이었다. 책이 세상 밖으로 나올 기미는 전혀 보이지 않았다. 김병완 칼리지와 함께하니 달랐다.

7주 만에 출간기획서를 출판사에 보내고 2주 안에 계약이 되었다. 이건 기적과도 같았다.

"아니, 어떻게 이럴 수가!

2년이 지나도 못했던 일을 7주 수업으로 해내다니."

수업 시간마다 "훌륭합니다.", "대단합니다." 등의 칭찬은 할 수 있다는 확신을 하게 했다. 확신대로 해냈다. 수업이 끝난 후에 가입할 수 있는 작가 클럽도 너무 좋다. 출간을 못 하게 될까 봐 너무 초조했었는데 훌륭하신 작가님들의 격려와 응원이 큰 힘이 되었다.

내 인생에서 김병완 칼리지는 사막의 오아시스와 같다. 김병완칼리지 책쓰기 수업은 기적과도 같았다.

독서보다 책쓰기가 더 강력한 진짜 이유?

"독서가 전부인 줄 알았다. 독서가 혁명이고 특권이었다. 아니 그 렇게 믿었다. 독서가 끝판왕인 줄 알았다. 하지만 독서보다 더 엄청난 것이 있었다. 책 읽기는 그것에 비하면, 준비 운동에 불과했다.

우연히 시작한 48분 책쓰기는 내 인생을 송두리째 바꾸어 놓았다. 어마어마했다. 상상 그 이상이었다. 책쓰기는 놀랍게도 책 읽기보다 열 배 정도 더 빨리, 더 강력하게, 더 놀랍게, 더 마법처럼 사람을 성장 시키고, 도약시킨다. 급기야는 인생을 바꾸어 놓는다."

독서와 책쓰기, 모두 혁명이며 기적이다. 하지만 학교라고 해서 다 같은 것이 아니듯, 독서가 고등학교라면 책쓰기는 대학교 대학원이 었다.

특별한 능력이 있거나 더 똑똑한 사람들 혹은 좋은 학벌이나 스펙, 이미 성공한 사람들의 책쓰기를 말하는 것이 아니다. 여기서 이야기 하는 책쓰기는 평범한 사람들의 인생역전 책쓰기 이야다. 평범한 사람이 책쓰기를 통해 인생이 바뀔 수 있다는 것은 충격이었다. 아직 도 믿기지 않는다. 이 책은 평범한 사람의 인생역전 책쓰기 이야기며, 그 희망의 증거다.

왜 평범한 사람이 책쓰기를 해야 할까? 자신의 분야에서, 직장에서, 학교에서 더 열심히 일하고 공부하는 것이 더 유익한 것이 아닐까? 한 가지 사실은 분명하다. 어떤 분야든 책쓰기를 하는 사람과 안 하는 사람 간의 격차는 확실히 발생한다. 하루 10시간씩 10년간 책만 읽은 내공보다 하루 48분씩 3년간 책쓰기를 한 내공이 더 높다.

책쓰기는 책 읽기의 완성이다. 그런 점에서 책 읽기를 시작했다면, 완성 단계인 책 쓰기를 거부해서는 안 된다. 위대한 사람과 성공한 사람을 보면 대부분 책 읽기를 매우 열심히 했다. 그런데 책 쓰기도 했다는 사실에 대해서는 잘 알지 못하고 있다.

책 읽기를 많이 해도 인생이 바뀌지 않는 사람이 적지 않다. 그리고 그 이유에 대해서 필자는 독서의 임계점을 돌파하지 못했기 때문이라고 말한 적이 있다. 그렇다면 책 쓰기는 결국 독서의 임계점이다. 책쓰기를 시작하면, 독서의 임계점을 돌파하는 것과 같다. 왜일까? 1000권 독서보다 한 권 저서가 더 강력하기 때문이다.

"많은 사람이 책 읽기를 통해 인생이 바뀌지 않는 것은 책 읽기의 완성이자 마지막 단계인 책쓰기를 하지 않았기 때문이다."

필자에게 독서는 전부였고, 혁명이었다. 하지만 지금은 아니다. 독서보다 더 강력한 인생역전 수단을 경험했기 때문이다. 태양 빛을 본 사람은 더는 촛불에 연연하지 않는다. 칠흑 같은 어둠에서 촛불은 막강한 빛이고 유일한 빛이다. 내게도 그랬다. 하지만 동굴을 나와 태양

에필로그 독서보다 책쓰기가 더 강력한 진짜 이유?

빛을 본 사람에게 촛불은 더는 빛이 아니었다. 태양 빛이 나타났기 때문이다. 책쓰기는 태양 빛이다.

책쓰기는 독서보다 더 강력하게, 사고의 폭을 넓히고, 세상을 성찰할 수 있는 통찰력을 길러 준다. 선진국일수록, 세계 최고의 대학일수록 책쓰기를 중요시한다. 책쓰기를 하는 것과 하지 않는 것 사이에는 큰 격차가 생긴다. 사고의 질적 수준이 달라진다. 아무리 열심히 연구한다 해도 정리하고, 연결하고, 융합하고 창조해 내는 수준 높고 고차원적인 사고력이 뒷받침되지 않으면 혁신이나 발명은 불가능하다. 기업가, 경영자, 정치인, 교수, 직장인 심지어 학생조차 책쓰기를 하는 것과 하지 않는 것 사이에는 큰 격차가 발생한다.

"내가 어떤 사람이 되느냐보다, 세상이 나를 어떻게 바라보느냐가 더 중요하다."

독서는 전자만 가능하지만, 책쓰기는 이 두 가지가 동시에 가능하다. 그래서 책쓰기가 독서보다 한 수 위다. 강력한 변화와 성장, 성공이 필요하다면, 책쓰기가 정답이다. 일생에 한 번은 책쓰기에도 미쳐봐야 한다. 한 번뿐인 인생이다. 유한한 시간을 극대화해서 활용해야 한다. 그런 점에서도 책쓰기는 강력하다.

책쓰기는 가장 강력한 자아 성찰 프로젝트이고, 인생 혁명 프로젝트다. 책쓰기는 가장 강력한 자기 경영이며, 자기 성장 프로젝트다. 책쓰기는 가장 강력한 인생역전 도구며, 성공의 무기다.

48분 기적의 책쓰기 : 하루 10문장이 1년 후에는 책 한 권이 된다

책을 쓰면 인생이 바뀐다. 하루에 48분만 투자하라. 일생에 한 번은 책쓰기에 미쳐보라. 그 이전의 인생으로 절대 되돌아갈 수 없다. 눈부시게 바뀌기 때문이다. 인생역전을 위해서는 책쓰기 하나면 충분하다. 인생을 바꾸기 위해 3년 만권 독서가 필요한 것이 아니다. 하루 48분만 책쓰기에 투자하면 된다. 독서보다 저서가, 독자보다 저자가, 훨씬 더 매력 있고, 강력하고, 성공이고, 가슴 뛰게 해 준다.

인생역전! 남의 이야기가 아니다. 당신도 가능하다. '일생에 한 번은 48분 책쓰기에 미쳐라.'

에필로그 독서보다 책쓰기가 더 강력한 진짜 이유?

48분
기적의 책쓰기

초판 인쇄 2021년 10월 15일
초판 발행 2021년 10월 20일

지은이 김병완
펴낸곳 (주)플랫폼연구소
발행인 김병완

출판등록 제2020-000075호

전화 010-3920-6036 / 02-556-6036
팩스 050-4227-6427
이메일 pflab2020@naver.com
주소 서울특별시 강남구 역삼로 220 홍성빌딩 1층

ISBN 979-11-91396-14-0   03010

값 15,000원